RÁPIDAMENTE

DOMINA EL INGLÉS

PARA HISPANOHABLANTES

Sabiocasa

CIP (Cataloging in Publication)

Title: Domina el Inglés: para hispanohablantes
Main Contributor: Raindrop
Publisher: Raindrop Naturals Ltd
Publication Date: March 31, 2025
Format: Paperback
ISBN-13: 9781068460500
Publishing Status: Active
Page Count: 160
Dimensions: 170 x 240 mm
Word Count: 26,456

¡Bienvenido!

Este libro está diseñado para hispanohablantes que desean aprender inglés desde cero. Incluye ejercicios de gramática, vocabulario y conversación, junto con anotaciones en español para facilitar la comprensión. También encontrarás juegos, situaciones prácticas y consejos útiles para ganar confianza en inglés.

Aprender un idioma es emocionante, pero también un desafío. No te preocupes, este libro te guiará paso a paso. Si eres principiante o quieres mejorar, esperamos que esto sea tu compañero de confianza.

Recuerda, cada error es una oportunidad para crecer. Estamos aquí para apoyarte y celebrar tu progreso. ¡Que este libro abra la puerta a nuevas oportunidades!

Welcome!

This book is designed for Spanish speakers who want to learn English from scratch. It includes grammar, vocabulary, and conversation exercises, along with Spanish annotations for easier understanding. You'll also find fun games, practical situations, and useful tips to build confidence in English.

Learning a new language is exciting but challenging. Don't worry—this book will guide you step by step. Whether you're a beginner or aming to improve, we hope this becomes your trusted companion.

Remember, every mistake is a chance to grow. We're here to support you and celebrate your progress. Let this book open doors to new opportunities!

Instrucciones de Audio Complementario

Para ofrecerte una mejor experiencia de lectura, este libro se ha actualizadocon un sistema de audio optimizado.

En la parte inferior encontrarás un código QR que te da acceso a todos los audios de la obra que están marcados con el ícono .

Además, al inicio de cada capítulo encontrarás un código QR exclusivo que te permite escuchar solamente los audios correspondientes a ese capítulo, siempre que veas el ícono en el texto.

¡Escanea y disfruta de una lectura acompañada de sonido!

Sugerencias:

Te recomendamos utilizar una conexión estable a internet para garantizar una reproducción fluida del audio.

Si no puedes escanear el código QR, también puedes ingresar manualmente al siguiente enlace:

https://drive.google.com/drive/folders/1xKR4ZqYh8qSnlbSnNS0Z4ChgT2yKWWgp?usp=drive_link

Gracias por su lectura y apoyo.

Que este libro no solo lo acompañe con palabras, sino también con una suave experiencia sonora.

La primera carga puede ser un poco lenta. Por favor, tenga paciencia y espere entre 2 y 3 segundos.

ÍNDICE

Capítulo 1: Fundamentos de pronunciación

1.1 El alfabeto y la pronunciación

Objetivos de aprendizaje

- Dominar **el alfabeto inglés**, incluyendo los nombres y sonidos fonéticos básicos de las 26 letras.
- Comprender **las reglas fonéticas fundamentales** para sonidos, sílabas y relaciones letra-sonido en inglés.
- Comparar **la pronunciación del inglés y el español** para identificar diferencias clave y desafíos comunes para hispanohablantes.
- Desarrollar **habilidades prácticas de pronunciación** mediante ejercicios de escucha, lectura, escritura y habla, mejorando la ortografía.

El alfabeto inglés

El alfabeto inglés consta de **26 letras**, cada una con una pronunciación específica. Aprender a pronunciarlas correctamente es fundamental para mejorar la comunicación y la comprensión del idioma.

Tabla del alfabeto inglés con pronunciación y ejemplos

Letra	Pronunciación (IPA)	Ejemplo en inglés	Pronunciación del ejemplo (IPA)	Traducción
A	/eɪ/	Apple	/ˈæp.əl/	Manzana
B	/biː/	Ball	/bɔːl/	Pelota
C	/siː/	Cat	/kæt/	Gato
D	/diː/	Dog	/dɒg/	Perro
E	/iː/	Elephant	/ˈɛl.ɪ.fənt/	Elefante
F	/ɛf/	Fish	/fɪʃ/	Pez
G	/dʒiː/	Goat	/goʊt/	Cabra
H	/eɪtʃ/	House	/haʊs/	Casa

Letra	Pronunciación (IPA)	Ejemplo en inglés	Pronunciación del ejemplo (IPA)	Traducción
I	/aɪ/	Ice	/aɪs/	Hielo
J	/dʒeɪ/	Juice	/dʒuːs/	Jugo
K	/keɪ/	Key	/kiː/	Llave
L	/ɛl/	Lion	/ˈlaɪ.ən/	León
M	/ɛm/	Monkey	/ˈmʌŋ.ki/	Mono
N	/ɛn/	Nose	/noʊz/	Nariz
O	/oʊ/	Orange	/ˈɔː.rɪndʒ/	Naranja
P	/piː/	Pen	/pɛn/	Bolígrafo
Q	/kjuː/	Queen	/kwiːn/	Reina
R	/ɑːr/	Rabbit	/ˈræb.ɪt/	Conejo
S	/ɛs/	Sun	/sʌn/	Sol
T	/tiː/	Table	/ˈteɪ.bəl/	Mesa
U	/juː/	Umbrella	/ʌmˈbrɛl.ə/	Paraguas
V	/viː/	Van	/væn/	Camioneta
W	/ˈdʌb.əl̩.juː/	Water	/ˈwɔː.tər/	Agua
X	/ɛks/	X-ray	/ˈɛks.reɪ/	Rayos X
Y	/waɪ/	Yellow	/ˈjɛl.oʊ/	Amarillo
Z	/ziː/ (EE.UU) /zed/ (Reino Unido)	Zebra	/ˈziː.brə/	Cebra

Reglas básicas de pronunciación

1. **Las vocales pueden sonar de manera diferente según la**

palabra.

- **Ejemplo:**
  - "A" en **Apple** /ˈæp.əl/ (sonido corto)
  - "A" en **Cake** /keɪk/ (sonido largo)

2. **Letras mudas en ciertas palabras.**

- **Ejemplo:**
  - "K" en **Knife** /naɪf/ (la "k" no se pronuncia)
  - "B" en **Lamb** /læm/ (la "b" es muda)

3. **El sonido de "TH" tiene dos variantes.**

- **Ejemplo:**
  - **Think** /θɪŋk/ (sonido sordo, como en *zapato* en español de España).
  - **That** /ðæt/ (sonido sonoro, vibración en la garganta).

4. **Diferencias con el español.**

- La "R": Suave en inglés (**red** /ɹed/) vs. fuerte en español ("perro").
- Vocales: En inglés, una misma vocal puede representar múltiples sonidos (ej. "i" en **bit** /ɪ/ vs. **bite** /aɪ/).

Ejercicios prácticos

Ejercicio 1: Relaciona las letras con su nombre fonético

Asocia cada letra con su pronunciación estándar en inglés.

1. A a) /bi:/
2. B b) /eɪ/
3. C c) /si:/
4. D d) /di:/
5. E e) /ɛf/
6. F f) /i:/

Ejercicio 2: Completa con la letra correcta

1. El sonido /bɔːl/ corresponde a la letra ______.
2. La palabra "Juice" comienza con la letra ______.
3. El sonido /ˈziː.brə/ pertenece a la letra ______.
4. La letra cuyo nombre fonético es /keɪ/ es ______.
5. El sonido /sʌn/ es de la letra ______.

Ejercicio 3: Pronunciación en contexto

Escucha y lee en voz alta las siguientes palabras en inglés y presta atención a su pronunciación:

1. Apple, Orange, Umbrella
2. Table, House, Rabbit
3. Monkey, Queen, Yellow
4. Water, Fish, Dog

Respuestas

Ejercicio 1:

1 - b) /eɪ/
2 - a) /biː/
3 - c) /siː/
4 - d) /diː/
5 - f) /iː/
6 - e) /ɛf/

Ejercicio 2:

1. B
2. J
3. Z
4. K
5. S

1.2 Vocales y consonantes

Objetivos de aprendizaje

- Identificar **las vocales y consonantes** en inglés.
- Comprender **las diferencias en pronunciación** entre las vocales y consonantes.
- Aprender las reglas de pronunciación de **vocales cortas y largas**.
- Conocer **las consonantes mudas** y su impacto en la pronunciación.
- Practicar la pronunciación mediante ejercicios interactivos.

Las vocales en inglés

En inglés hay **5 vocales**: A, E, I, O, U. Sin embargo, cada vocal puede tener **varias pronunciaciones** dependiendo de la palabra y su contexto.

Vocales cortas y largas

Las vocales pueden pronunciarse de manera corta o larga.

Vocal	Sonido corto	Ejemplo	Sonido largo	Ejemplo
A	/æ/	Cat (/kæt/)	/eɪ/	Cake (/keɪk/)
E	/ɛ/	Bed (/bɛd/)	/iː/	Be (/biː/)
I	/ɪ/	Sit (/sɪt/)	/aɪ/	Time (/taɪm/)
O	/ɒ/ (UK) /ɑː/ (US)	Dog (/dɒg/, /dɔːg/)	/oʊ/	Go (/goʊ/)
U	/ʌ/	Bus (/bʌs/)	/juː/	Use (/juːs/)

Las vocales largas suelen aparecer en palabras con **"e muda"** al final, en combinaciones de vocales como "oa", "ai", "ee" o en sílabas abiertas.

Reglas adicionales sobre vocales

1. **Vocales en sílabas acentuadas:** Su pronunciación puede variar según si están en una sílaba tónica o átona. La palabra **record**, como sustantivo (con acento en la primera sílaba) se pronuncia /ˈrekɔːrd/, y como verbo (con acento en la segunda sílaba) se pronuncia /rɪˈkɔːrd/.
2. **Diptongos:** Combinaciones específicas de vocales generan sonidos únicos, como "**oi**" en **coin** /kɔɪn/.

3. **Reducción vocálica:** En palabras polisílabas, las vocales tienden a neutralizarse en el sonido **schwa** /ə/, como en **banana** /bəˈnænə/.

Las consonantes en inglés

El inglés cuenta con **21 consonantes**, aunque algunas presentan variaciones en su pronunciación.

Consonantes con pronunciación variable

- **C** puede sonar como /k/ (cat) o /s/ (city).
- **G** puede sonar como /g/ (go) o /dʒ/ (gentle).
- **S** puede sonar como /s/ (sun) o /z/ (rose).
- **T** puede sonar como /t/ (top) o un sonido suave en inglés americano (water /ˈwɑːrər/).

Consonantes mudas en inglés

Algunas consonantes en inglés no se pronuncian en determinadas palabras:

- **K** es muda en "knock" /nɒk/.
- **B** es muda en "comb" /koʊm/.
- **L** es muda en "walk" /wɔːk/.
- **H** es muda en "hour" /aʊər/.

Ejercicios prácticos

Ejercicio 1: Clasificación de vocales y consonantes

Indica si las siguientes letras son vocales o consonantes:

1. M
2. A
3. T
4. O
5. G
6. I

Ejercicio 2: Identifica el sonido corto o largo de la vocal

Indica si la vocal en negrita es corta o larga:

1. C**a**t
2. T**o**day
3. F**i**sh
4. H**o**pe
5. R**e**d

6. Blue

Ejercicio 3: Completa la palabra con la vocal correcta

1. C_t (gato)
2. B_d (cama)
3. R_d (rojo)
4. H_pe (esperanza)
5. M_lk (leche)
6. Gl_ss (vidrio)

Ejercicio 4: Identifica las consonantes mudas

Indica qué letra no se pronuncia en las siguientes palabras:

1. Know
2. Lamb
3. Whisper
4. Honest
5. Walk

Respuestas

Ejercicio 1:

1. Consonante
2. Vocal
3. Consonante
4. Vocal
5. Consonante
6. Vocal

Ejercicio 2:

1. Corta
2. Larga
3. Corta
4. Larga
5. Corta
6. Larga

Ejercicio 3:

1. Cat
2. Bed
3. Red
4. Hope
5. Milk

6. Glass

Ejercicio 4:

1. K
2. B
3. H
4. H
5. L

1.3 Acentuación y entonación en inglés

Objetivos de aprendizaje

- Dominar **las reglas de acentuación** en palabras.
- Identificar la diferencia entre **sílabas tónicas y átonas.**
- Aplicar patrones de **entonación en preguntas y afirmaciones.**
- Mejorar la fluidez oral mediante ejercicios prácticos.
- Desarrollar conciencia fonética para una pronunciación precisa.

Acentuación en inglés

A diferencia del español, el inglés **no usa tildes gráficas**, pero sí tiene **sílabas tónicas** (stressed syllables), que son aquellas que se pronuncian con mayor fuerza en una palabra.

Reglas generales de acentuación

1. **Palabras de dos sílabas** suelen acentuar la primera sílaba si son sustantivos o adjetivos, y la segunda si son verbos.
    - **Sustantivos/adjetivos: TAble** (/ˈteɪ.bəl/), **HAPpy** (/ˈhæp.i/)
    - **Verbos: reLAX** (/rɪˈlæks/), **aRRIVE** (/əˈraɪv/)

2. **Palabras con prefijos y sufijos** suelen mantener el acento en la raíz.
    - **unHAPpy** (/ʌnˈhæp.i/), **disLIKE** (/dɪsˈlaɪk/)

3. **Palabras largas** tienden a acentuar una sílaba intermedia o inicial.
    - **exPENsive** (/ɪkˈspen.sɪv/), **EDucation** (/ˌɛd.jʊˈkeɪ.ʃən/)

4. **Palabras con terminaciones específicas**:
    - **-tion / -sion:** El acento cae en la sílaba anterior: **inforMAtion** (/ˌɪn.fɚˈmeɪ.ʃən/)

- **-ic:** Se acentúa la sílaba antes del sufijo: **draMAtic** (/drəˈmæt.ɪk/)
- **-ee/-eer:** Se acentúa la última sílaba: **volunTEER** (/ˌvɒl.ənˈtɪər/)
- **-graphy:** Sílaba tónica en la antepenúltima sílaba: **phoTOgraphy** (/fəˈtɒg.rə.fi/)

5. **Palabras compuestas:** En la mayoría de los casos, el énfasis recae en la primera palabra.

- **AIRplane** (/ˈɛər.pleɪn/)
- **NEWSpaper** (/ˈnjuːzˌpeɪ.pər/)

Entonación en inglés

La entonación se refiere a la variación del tono al hablar. En inglés, la entonación puede cambiar el significado de una oración.

Tipos de entonación

1. **Entonación ascendente (Rising intonation)**
   Se usa en **preguntas de sí/no** y para expresar sorpresa o duda.
   - **Ejemplo:**
     - *Are you coming?* ↗ (/ɑːr juː ˈkʌm.ɪŋ/)
     - *Really?* ↗ (/ˈrɪə.li/)
     - *Did you see that?* ↗ (/dɪd juː siː ðæt/)

2. **Entonación descendente (Falling intonation)**
   Se usa en **oraciones afirmativas, negativas y preguntas** con palabras interrogativas *Wh-*.
   - **Ejemplo:**
     - *I live in New York.* ↘ (/aɪ lɪv ɪn nuː jɔːrk/)
     - *Where are you from?* ↘ (/wɛr ɑːr juː frʌm/)
     - *She doesn't like coffee.* ↘ (/ʃiː ˈdʌz.ənt laɪk ˈkɒ.fi/)

3. **Entonación mixta (Rising-falling intonation)**
   Se usa en **listas y enumeraciones.**
   - **Ejemplo:**

- *I bought apples ↗, oranges ↗, bananas ↗, and grapes ↘.*
- *We visited New York ↗, Los Angeles ↗, and Chicago ↘.*

Ejercicios prácticos

Ejercicio 1: Identifica la sílaba tónica

Marca la sílaba tónica en las siguientes palabras:

1. Elephant
2. Computer
3. Relax
4. Volunteer
5. Education
6. Photography
7. Anniversary
8. Incredible

Ejercicio 2: Completa con la entonación correcta

Indica si las siguientes oraciones usan entonación **ascendente (↑)** o **descendente (↓)**:

1. *Where do you live?* _______
2. *Do you like coffee?* _______
3. *I am going home now.* _______
4. *Is it raining?* _______
5. *She bought apples, pears, and oranges.* _______
6. *Can you help me, please?* _______
7. *What time is it?* _______

Ejercicio 3: Pronunciación en contexto

Escucha y lee en voz alta las siguientes oraciones, aplicando la entonación adecuada:

1. *Can you help me?*
2. *This is a beautiful place.*
3. *What time is it?*
4. *She is my best friend.*
5. *Where is the nearest bus stop?*

Respuestas

Ejercicio 1:

1. **E**lephant
2. com**PU**ter
3. re**LAX**
4. volun**TEER**
5. edu**CA**tion
6. pho**TO**graphy
7. anni**VER**sary
8. in**CRE**dible

Ejercicio 2:

1. ↓
2. ↑
3. ↓
4. ↑
5. ↑↓
6. ↑
7. ↓

1.4 Fonética y sonidos del inglés

Objetivos de aprendizaje

- Comprender **los sonidos básicos del inglés** y su correspondencia con la escritura.
- Identificar **los fonemas** más comunes del inglés.
- Mejorar la pronunciación a través del aprendizaje de sonidos específicos.
- Practicar **los sonidos problemáticos** para hispanohablantes.
- Desarrollar habilidades auditivas para diferenciar **sonidos similares**.
- Integrar el conocimiento fonético en conversaciones cotidianas.

Los fonemas en inglés

El inglés cuenta con aproximadamente **44 fonemas** (sonidos), en comparación con los 24 del español. Esta diferencia explica por qué ciertos sonidos del inglés pueden resultar difíciles de pronunciar para los hispanohablantes.

Clasificación de fonemas en inglés

1. **Vocales cortas y largas**

   El inglés distingue entre vocales de duración breve y prolongada, un contraste ausente en español. Esta diferencia no solo afecta la pronunciación, sino también el significado de las palabras:

   - /ɪ/ vs. /iː/: **ship** (/ʃɪp/) vs. **sheep** (/ʃiːp/)
   - /ʊ/ vs. /uː/: **pull** (/pʊl/) vs. **pool** (/puːl/)
   - /ɛ/ vs. /eɪ/: **bed** (/bɛd/) vs. **made** (/meɪd/)

2. **Diptongos y triptongos**

   Los diptongos son combinaciones de dos sonidos vocálicos en una misma sílaba que se pronuncian con deslizamiento entre ellos. Los triptongos consisten en tres sonidos vocálicos en una sílaba, formados por un diptongo seguido de una vocal débil:

- /aɪ/: **time** (/taɪm/)
- /eɪ/: **face** (/feɪs/)
- /aɪə/: **fire** (/ˈfaɪə/)
- /aʊə/: **hour** (/ˈaʊə/)

3. **Consonantes sonoras y sordas**

   La distinción entre consonantes sonoras (con vibración de cuerdas vocales) y sordas (sin vibración) es crucial en inglés, ya que puede cambiar el significado de las palabras. En español, este contraste es menos marcado:

   - /b/ vs. /p/: **bat** (/bæt/) vs. **pat** (/pæt/)
   - /d/ vs. /t/: **day** (/deɪ/) vs. **tea** (/tiː/)
   - /g/ vs. /k/: **go** (/goʊ/) vs. **cat** (/kæt/)

Sonidos problemáticos para hispanohablantes

1. **/θ/** y **/ð/** (th)
   think (/θɪŋk/) vs. **this** (/ðɪs/)
   Dificultad: Estos sonidos no existen en español, lo que lleva a sustituirlos por /t/, /d/ o /s/.
2. **/r/** (sonido suave)
   red (/ɹɛd/)
   Dificultad: El sonido inglés es más suave que la vibrante española, sin contacto de la lengua con el paladar.
3. **/v/** vs. **/b/**
   very (/ˈvɛɹi/) vs. **berry** (/ˈbɛɹi/)
   Dificultad: En español no se distingue claramente entre estos sonidos, especialmente en posición intervocálica.
4. Schwa **/ə/**
   banana (/bəˈnænə/)
   Dificultad: Sonido vocálico neutro e inexistente en español, que suele reemplazarse por /a/ o /e/.
5. **/h/ aspirado**
   house (/haʊs/)
   Dificultad: En español la "h" es muda, lo que lleva a omitir este sonido o reemplazarlo por /j/ (como en "jouse")

🔊 Diferencias clave entre inglés y español

- **El inglés tiene vocales más variadas y diptongos** que no existen en español.
- **Los sonidos de la "h" y "th" son inexistentes en español**, lo que causa confusión en la pronunciación.
- **Los hispanohablantes tienden a pronunciar todas las letras**, mientras que en inglés hay muchas letras mudas (**knock, island, write**).
- **El ritmo del inglés es acentual, mientras que el español es silábico**, lo que significa que algunas sílabas en inglés se pronuncian más fuerte que otras.

Ejercicios prácticos

Ejercicio 1: Identifica el sonido correcto

Escribe el sonido fonético correcto para las siguientes palabras:

1. Ship → /__/
2. Cat → /__/
3. This → /__/
4. Go → /__/
5. Face → /__/
6. House → /__/
7. Pool → /__/

Ejercicio 2: Pronunciación contrastiva

Escoge la opción correcta según la pronunciación:

1. ¿Cómo se pronuncia **"bit"**?
   a) /biːt/
   b) /bɪt/
2. ¿Cómo se pronuncia **"boot"**?
   a) /bʊt/
   b) /buːt/
3. ¿Cómo se pronuncia **"day"**?
   a) /deɪ/
   b) /daɪ/
4. ¿Cómo se pronuncia **"this"**?
   a) /ðɪs/
   b) /θɪs/

5. ¿Cómo se pronuncia **"think"**?
    a) /θɪŋk/
    b) /ðɪŋk/

Ejercicio 3: Escucha y repite

Lee en voz alta y enfócate en los sonidos difíciles:

- /θ/ vs. /ð/: think, this, thin, they, though.
- /ɪ/ vs. /iː/: ship, sheep, bit, beat, sit, seat.
- Vocales cortas: cat /æ/, cut /ʌ/, cot /ɒ/, caught /ɔː/.
- /g/ y silencios: go, goal, ghost, gone.
- /v/ vs. /b/: very, berry, ferry, fairy.

Ejercicio 4: Palabras con letras mudas

Identifica qué letra no se pronuncia en las siguientes palabras:

1. Know
2. Lamb
3. Whisper
4. Honest
5. Walk

Respuestas

Ejercicio 1:

1. /ʃɪp/
2. /kæt/
3. /ðɪs/
4. /goʊ/
5. /feɪs/
6. /haʊs/
7. /puːl/

Ejercicio 2:

1. b) /bɪt/
2. b) /buːt/
3. a) /deɪ/
4. a) /ðɪs/
5. a) /θɪŋk/

Ejercicio 4:

1. K

2. B
3. H
4. H
5. L

1.5 Consonantes problemáticas y cómo mejorarlas

Objetivos de aprendizaje

- Identificar las consonantes en inglés que presentan **dificultades para los hispanohablantes**.
- Aprender **técnicas** para mejorar la pronunciación de estos sonidos.
- Diferenciar **los pares mínimos** de consonantes.
- Practicar con ejercicios específicos para mejorar **la articulación**.
- Aplicar estrategias de escucha y repetición para perfeccionar la pronunciación.
- Desarrollar mayor confianza en la comunicación oral mediante el dominio de estos sonidos.

Las consonantes problemáticas para hispanohablantes

Algunas consonantes en inglés no existen en español o tienen pronunciaciones diferentes. Esto puede generar errores comunes en la comunicación oral.

1. Sonidos /θ/ y /ð/ (TH)

Estos sonidos no existen en español y a menudo se confunden con /t/, /d/ o /s/.

- /θ/ como en **think** (/θɪŋk/) → sonido sin vibración.
- /ð/ como en **this** (/ðɪs/) → sonido con vibración.

Errores comunes:

- Pronunciar **think** como "tink" o "sink".
- Decir **this** como "dis" o "zis".

Cómo mejorarlo:

Coloca la punta de la lengua entre los dientes superiores e inferiores y sopla suavemente para /θ/. Para /ð/, agrega vibración vocal.

2. Diferencia entre /b/ y /v/

En español, la /b/ y la /v/ suelen pronunciarse de manera similar, pero en inglés son distintas:

- **/b/**: Se pronuncia con los labios cerrados, como en **bat** (/bæt/).
- **/v/**: Se pronuncia colocando los dientes superiores sobre el labio inferior, como en **very** (/ˈvɛr.i/).

Ejemplos de pares mínimos:

- **Bat** (/bæt/) vs. **Vat** (/væt/)
- **Best** (/bɛst/) vs. **Vest** (/vɛst/)

- **Berry** (/ˈbɛr.i/) vs. **Very** (/ˈvɛr.i/)

3. Diferencia entre /s/ y /z/

En español, la /s/ siempre suena igual, pero en inglés puede ser sorda (/s/) o sonora (/z/).

- /s/: **See** (/siː/) → sonido sin vibración.
- /z/: **Zoo** (/zuː/) → sonido con vibración.

Ejemplos de pares mínimos:

- **Sip** (/sɪp/) vs. **Zip** (/zɪp/)
- **Ice** (/aɪs/) vs. **Eyes** (/aɪz/)
- **Bus** (/bʌs/) vs. **Buzz** (/bʌz/)

Consejo práctico:

Pon los dedos en tu garganta mientras pronuncias /s/ y /z/. Si sientes vibración, estás produciendo un sonido sonoro (/z/).

4. Diferencia entre /ʃ/ y /ʧ/

Estos sonidos pueden ser difíciles de distinguir para los hispanohablantes:

- **/ʃ/** como en **she** (/ʃiː/) → sonido suave, sin explosión.
- **/ʧ/** como en **cheese** (/ʧiːz/) → sonido con una breve explosión de aire.

Ejemplo de pares mínimos:

- **Ship** (/ʃɪp/) vs. **Chip** (/ʧɪp/)
- **She** (/ʃiː/) vs. **Cheek** (/ʧiːk/)
- **Shop** (/ʃɒp/) vs. **Chop** (/ʧɒp/)

Consejo práctico:

Para **/ʧ/**, junta los dientes y suelta aire como si imitaras el sonido de un tren "ch-ch-ch". Para **/ʃ/**, relaja la boca y expulsa aire suavemente.

Ejercicios prácticos

Ejercicio 1: Diferenciación de sonidos

Escoge la palabra que corresponda con la pronunciación correcta:

1. ¿Cómo se pronuncia **"bath"**?
   a) /bæθ/
   b) /bæt/
2. ¿Cómo se pronuncia **"vision"**?
   a) /ˈvɪʒ.ən/
   b) /ˈvɪs.ən/

3. ¿Cómo se pronuncia **"ship"**?
   a) /ʃɪp/
   b) /ʧɪp/
4. ¿Cómo se pronuncia **"bus"**?
   a) /bʌs/
   b) /bʌz/

Ejercicio 2: Escucha y repite

- **Think, this, thin, they, though**
- **Bat, vat, best, vest**
- **Ship, chip, she, cheese**
- **Sip, zip, ice, eyes**
- **Bus, buzz, face, phase**

Ejercicio 3: Pronunciación en frases

Practica diciendo estas frases en voz alta:

1. **She sells seashells by the seashore.**
2. **I think this is the best vision test.**
3. **The vet and the bat went to the valley.**
4. **Chip and ship sound different.**

Respuestas

Ejercicio 1:

1. a) /bæθ/
2. a) /ˈvɪʒ.ən/
3. a) /ʃɪp/
4. b) /bʌz/

Capítulo 2: Gramática y estructura de oraciones

2.1 Los pronombres personales y el verbo "to be"

Objetivos de aprendizaje

- Comprender el uso de los pronombres personales en inglés.
- Aprender a conjugar el verbo "to be" en presente simple.
- Construir oraciones simples utilizando "to be".
- Diferenciar el uso de "to be" en afirmaciones, negaciones e interrogaciones.
- Practicar con ejercicios para reforzar el conocimiento.
- Aplicar "to be" en diferentes contextos como descripciones, ubicaciones y profesiones.
- Incorporar las formas contraídas de "to be" en conversaciones cotidianas de manera natural.
- Comprender la importancia del verbo "to be" en la estructura gramatical del inglés.

Los pronombres personales en inglés

Los pronombres personales son palabras que reemplazan nombres en una oración y ayudan a evitar repeticiones. En inglés, los pronombres personales de sujeto son los siguientes:

Inglés	Español	Ejemplo en inglés	Ejemplo en español
I	Yo	I am a student.	Yo soy estudiante.
You	Tú/Usted	You are my friend.	Tú eres mi amigo. / Usted es mi amigo.
He	Él	He is a teacher.	Él es maestro.
She	Ella	She is a doctor.	Ella es doctora.
It	(Cosas/Animales)	It is a cat.	Es un gato.
We	Nosotros/as	We are happy.	Nosotros estamos felices.

Inglés	Español	Ejemplo en inglés	Ejemplo en español
You	Vosotros/as / Ustedes	You are students.	Ustedes son estudiantes.
They	Ellos/as	They are at home.	Ellos están en casa.

Nota: En inglés, el pronombre 'it' se emplea para referirse a animales, objetos o ideas abstractas. En español no existe un equivalente exacto, ya que el género gramatical (él, ella) o la omisión del pronombre dependen del contexto.

El verbo "to be" en presente simple

El verbo "to be" significa **ser o estar**, y es fundamental en inglés. Se conjuga de la siguiente manera:

Sujeto	Verbo "to be"	Ejemplo en inglés	Ejemplo en español
I	am	I am happy.	Yo estoy feliz.
You	are	You are my friend.	Tú eres mi amigo.
He/She/It	is	She is a teacher.	Ella es maestra.
We	are	We are at school.	Nosotros estamos en la escuela.
You	are	You are good students.	Ustedes son buenos estudiantes.
They	are	They are in the park.	Ellos están en el parque.

Usos del verbo "to be"

1. **Para describir personas o cosas:**
   - She is intelligent. (*Ella es inteligente.*)
   - It is a big house. (*Es una casa grande.*)
2. **Para hablar de la edad:**

    - I am 25 years old. (*Tengo 25 años.*)
    - My brother is 30 years old. (*Mi hermano tiene 30 años.*)
3. **Para indicar ubicación:**
    - The book is on the table. (*El libro está sobre la mesa.*)
    - They are in the park. (*Ellos están en el parque.*)
4. **Para expresar emociones o estados:**
    - I am tired. (*Estoy cansado.*)
    - We are excited. (*Estamos emocionados.*)
5. **Para expresar nacionalidad u ocupación:**
    - She is Spanish. (*Ella es española.*)
    - He is a doctor. (*Él es doctor.*)
6. **Para describir el clima y la hora:**
    - It is cold today. (*Hoy hace frío.*)
    - It is 10 o'clock. (*Son las 10 en punto.*)

Importante: En español, la edad se expresa con el verbo "tener" (*Tengo 20 años*), pero en inglés se usa "to be" (*I am 20 years old*).

Negaciones e interrogaciones con el verbo "to be"

Negaciones

Para formar oraciones negativas con el verbo "to be", se coloca **"not"** después del verbo:

- I am not a teacher. (*No soy profesor.*)
- She is not at home. (*Ella no está en casa.*)
- They are not friends. (*Ellos no son amigos.*)

También se pueden usar **contracciones** (más común en el habla cotidiana):

- I'm not a teacher.
- She isn't at home.
- They aren't friends.

Preguntas con el verbo "to be"

Para formar preguntas, invertimos el orden del verbo y el sujeto:

- Am I a student? (*¿Soy estudiante?*)
- Is she a doctor? (*¿Es ella doctora?*)
- Are they at home? (*¿Están ellos en casa?*)

Respuestas cortas:

- Yes, I am. / No, I'm not.
- Yes, she is. / No, she isn't.
- Yes, they are. / No, they aren't.

Ejercicios prácticos

Ejercicio 1: Completa las oraciones con la forma correcta del verbo "to be"

1. I ________ a teacher. (*soy*)
2. She ________ my best friend. (*es*)
3. They ________ at home. (*están*)
4. You ________ very kind. (*eres*)
5. It ________ a beautiful day. (*es*)
6. We ________ from Mexico. (*somos*)

Ejercicio 2: Traduce las siguientes oraciones al inglés

1. Yo soy estudiante.
2. Ella está en la escuela.
3. Nosotros somos amigos.
4. Tú eres muy alto.
5. Ellos están en la oficina.
6. El gato es negro.

Ejercicio 3: Transforma las siguientes oraciones a su forma negativa e interrogativa

1. She is a nurse.
2. They are in the park.
3. I am hungry.

Respuestas

Ejercicio 1:

1. am 2. is 3. are 4. are 5. is 6. are.

Ejercicio 2:

1. I am a student. 2. She is at school. 3. We are friends. 4. You are very tall. 5. They are in the office. 6. The cat is black.

Ejercicio 3:

1. She is not a nurse. Is she a nurse?
2. They are not in the park. Are they in the park?
3. I am not hungry. Am I hungry?

2.2 Los artículos definidos e indefinidos

Objetivos de aprendizaje

- Comprender el uso de **los artículos definidos (the)** e **indefinidos (a/an)**.
- Distinguir **cuándo usar "a"** y **"an"**.
- Aprender cuándo **omitir los artículos** en inglés.
- Analizar cómo los artículos modifican el significado.
- Reconocer cómo los artículos alteran el énfasis o tono.
- Practicar con ejercicios para reforzar el aprendizaje y mejorar la precisión en el uso de los artículos.

Los artículos definidos e indefinidos en inglés

Artículo definido: "the"

El artículo "the" se usa cuando nos referimos a algo específico o conocido por el hablante y el oyente. Se usa con sustantivos en singular y plural, tanto contables como incontables.

Reglas generales para el uso de "the"

1. **Para referentes únicos o universales:**
   - The sun is bright today. (*El sol brilla hoy.*)
   - The moon is full tonight. (*La luna está llena esta noche.*)
2. **Cuando el sustantivo ya ha sido mencionado previamente en la conversación:**
   - I bought a car yesterday. The car is red. (*Ayer compré un coche. El coche es rojo.*)
3. **Con nombres geográficos específicos:**
   - The Pacific Ocean is vast. (*El océano Pacífico es inmenso.*)
   - The Andes are beautiful. (*Los Andes son hermosos.*)
4. **Con instrumentos musicales:**
   - She plays the violin. (*Ella toca el violín.*)
5. **Con lugares públicos e instituciones:**
   - He is at the hospital. (*Él está en el hospital.*)
   - We went to the bank. (*Fuimos al banco.*)
6. **Con nombres de periódicos y publicaciones reconocidas:**
   - I read The Times every morning. (*Leo The Times cada mañana.*)
7. **Con apellidos en plural para referirse a familias:**
   - The Johnsons are visiting us. (*Los Johnson nos están visitando.*)

8. **Con algunos nombres de países que contienen palabras como "Kingdom", "States", "Republic":**
    - The United States, The United Kingdom, The Dominican Republic

Artículos indefinidos: "a" y "an"

Los artículos indefinidos "a" y "an" se usan cuando hablamos de algo inespecífico o cuando mencionamos algo por primera vez.

Artículo	Uso	Ejemplo en inglés	Ejemplo en español
a	Antes de sonidos de consonante.	I have a car.	Tengo un coche.
an	Antes de sonidos vocálicos	She is an engineer.	Ella es ingeniera.
a	Antes de "u" con sonido "ju".	He is a university student.	Él es un estudiante universitario.
an	Antes de "h" muda.	It's an honor to meet you.	Es un honor conocerte.

¿Cuándo omitir los artículos?

En inglés, no se usan artículos en los siguientes casos:

1. **Nombres propios:**
    - I live in Spain. (*Vivo en España.*)
2. **Idiomas:**
    - She speaks French. (*Ella habla francés.*)
3. **Comidas y deportes:**
    - I like football. (*Me gusta el fútbol.*)
4. **Títulos cuando se habla directamente con la persona:**
    - Good morning, Doctor! (*¡Buenos días, doctor!*)
5. **Días de la semana y meses del año:**
    - I was born in July. (*Nací en julio.*)
    - We have a meeting on Monday. (*Tenemos una reunión el lunes.*)
6. **Sustantivos abstractos cuando se usan en general:**
    - Love is important. (*El amor es importante.*)
    - Honesty is a great quality. (*La honestidad es una gran cualidad.*)

7. **Con medios de transporte precedidos por "by":**
   - I go to work by bus. (*Voy al trabajo en autobús.*)
   - She traveled by plane. (*Ella viajó en avión.*)
8. **Con sustantivos en plural cuando se habla en términos generales:**
   - Dogs are loyal animals. (*Los perros son animales leales.*)
   - Computers have changed the world. (*Las computadoras han cambiado el mundo.*)

Ejercicios prácticos

Ejercicio 1: Completa con "a", "an" o "the"

1. I saw ______ apple on the table.
2. She is reading ______ interesting book.
3. We went to ______ cinema yesterday.
4. He is ______ honest person.
5. I have ______ idea for the project.
6. We stayed at ______ hotel near the beach.
7. They adopted ______ dog from the shelter.
8. My mother is ______ amazing cook.
9. We visited ______ Eiffel Tower during our trip.
10. He bought ______ used car last week.
11. We saw ______ owl in the tree.
12. He works as ______ engineer in a big company.
13. She has ______ university degree in economics.

Ejercicio 2: Traduce las siguientes oraciones al inglés

1. La luna es hermosa esta noche.
2. Necesito un bolígrafo.
3. Él es un artista talentoso.
4. Un amigo mío vive en Londres.
5. El café está caliente.
6. Es una buena oportunidad para aprender.
7. Me encanta tocar el piano.
8. Ellos vieron un águila en la montaña.
9. La honestidad es importante en la vida.
10. Nos quedamos en un hotel pequeño.
11. Viajamos en avión a España.

12. Prefiero los gatos a los perros.

Ejercicio 3: Corrige los errores en las siguientes oraciones

1. I saw a elephant in the zoo.
2. She is an university student.
3. We went to a beach and we saw the dolphins.
4. He is a engineer in a international company.
5. The Mount Everest is the highest mountain.
6. She has an yellow dress.
7. My father is a honest man.
8. I love the basketball.
9. The life is beautiful.
10. We saw a owl in the tree.

Respuestas

Ejercicio 1:

1. an 2. an 3. the 4. an 5. an 6. a 7. a 8. an 9. the 10. a 11. an 12. an 13. a

Ejercicio 2:

1. The moon is beautiful tonight. 2. I need a pen. 3. He is a talented artist. 4. A friend of mine lives in London. 5. The coffee is hot. (Si es específico) / Coffee is hot. (En general). 6. It is a good opportunity to learn. 7. I love playing the piano. 8. They saw an eagle on the mountain. 9. Honesty is important in life. 10. We stayed at a small hotel. 11. We traveled by plane to Spain. 12. I prefer cats to dogs.

Ejercicio 3:

1. I saw an elephant in the zoo. 2. She is a university student. 3. We went to the beach and we saw dolphins. 4. He is an engineer in an international company. 5. Mount Everest is the highest mountain. 6. She has a yellow dress. 7. My father is an honest man. 8. I love basketball. 9. Life is beautiful. 10. We saw an owl in the tree.

2.3 La estructura básica de las oraciones en inglés

Objetivos de aprendizaje

- Comprender **la estructura fundamental de una oración** en inglés.
- Identificar **los elementos esenciales de una oración**: sujeto, verbo y complemento.
- Construir correctamente **oraciones afirmativas, negativas e interrogativas.**
- Diferenciar entre **oraciones simples, compuestas y complejas.**
- Aplicar **reglas de concordancia** entre el sujeto y el verbo.
- Usar correctamente **las conjunciones** para formar **oraciones compuestas y complejas.**
- Reforzar la comprensión mediante ejercicios prácticos.

Elementos básicos de una oración en inglés

En inglés, la mayoría de las oraciones siguen la estructura básica:

Sujeto + Verbo + Complemento

Ejemplo en inglés	Ejemplo en español
I love music.	Yo amo la música.
She plays the piano.	Ella toca el piano.
They live in Spain.	Ellos viven en España.
We study every day.	Nosotros estudiamos todos los días.
He works in a hospital.	Él trabaja en un hospital.

Tipos de oraciones

1. Oraciones afirmativas

Siguen la estructura básica de Sujeto + Verbo + Complemento.

Ejemplo en inglés	Ejemplo en español
He studies English.	Él estudia inglés.
We eat lunch at noon.	Nosotros almorzamos al mediodía.
The cat sleeps on the sofa.	El gato duerme en el sofá.

Ejemplo en inglés	Ejemplo en español
They speak Spanish fluently.	Ellos hablan español con fluidez.

2. Oraciones negativas

Se forman agregando "do not" (don't) o "does not" (doesn't) antes del verbo principal en presente simple.

Ejemplo en inglés	Ejemplo en español
I do not like coffee.	No me gusta el café.
She does not play soccer.	Ella no juega al fútbol.
They do not live here.	Ellos no viven aquí.
He does not understand the lesson.	Él no entiende la lección.

3. Oraciones interrogativas

Se forman invirtiendo el orden del verbo auxiliar y el sujeto.

Ejemplo en inglés	Ejemplo en español
Do you like ice cream?	¿Te gusta el helado?
Does he work here?	¿Él trabaja aquí?
Where do they live?	¿Dónde viven ellos?
What does she study?	¿Qué estudia ella?

4. Oraciones compuestas

Las oraciones compuestas contienen dos o más cláusulas unidas por conjunciones como "and", "but" o "because".

Ejemplo en inglés	Ejemplo en español
I like tea, but she prefers coffee.	Me gusta el té, pero ella prefiere el café.
He studied hard because he wanted to pass the exam.	Él estudió mucho porque quería aprobar el examen.
She sings and plays the guitar.	Ella canta y toca la guitarra.
They went to the park, and we stayed at home.	Ellos fueron al parque y nosotros nos quedamos en casa.

5. Oraciones complejas

Las oraciones complejas contienen una cláusula principal y una o más cláusulas subordinadas.

Ejemplo en inglés	Ejemplo en español
Although it was raining, they went to the park.	Aunque estaba lloviendo, fueron al parque.
I will call you when I arrive.	Te llamaré cuando llegue.
She left because she was tired.	Se fue porque estaba cansada.
If you study hard, you will pass the exam.	Si estudias mucho, aprobarás el examen.

Reglas de concordancia entre sujeto y verbo

1. **Sujeto en tercera persona singular (he, she, it) → Verbo con "-s" en presente simple.**
   - She likes coffee. (*A ella le gusta el café.*)
   - He plays the guitar. (*Él toca la guitarra.*)

2. **Sujeto en plural o primera persona → Verbo sin "-s".**
   - We like coffee. (*Nos gusta el café.*)
   - They play the guitar. (*Ellos tocan la guitarra.*)

3. **El verbo "to be" es una excepción:**
   - I am a teacher. (*Yo soy maestro.*)
   - She is a doctor. (*Ella es doctora.*)
   - They are students. (*Ellos son estudiantes.*)

4. **Oraciones con "there is" (singular) y "there are" (plural):**
   - There is a book on the table. (*Hay un libro en la mesa.*)
   - There are many students in the classroom. (*Hay muchos estudiantes en el aula.*)

Ejercicios prácticos

Ejercicio 1: Completa las oraciones con la palabra correcta

1. She _______ (play/plays) the guitar every day.
2. We _______ (do/does) not eat meat.
3. _______ (Do/Does) he like chocolate?
4. They _______ (live/lives) in New York.
5. I _______ (am/is) very happy today.
6. There _______ (is/are) two cats in the garden.
7. He _______ (study/studies) English every afternoon.

Ejercicio 2: Traduce las siguientes oraciones al inglés

1. Yo estudio inglés.
2. Ellos no trabajan los domingos.
3. ¿Tú hablas francés?
4. Nosotros vivimos en una casa grande.
5. ¿Dónde trabaja ella?
6. Hay tres libros en la mesa.
7. Él toca la guitarra y canta.

Ejercicio 3: Identifica el error y corrígelo

1. She don't like pizza.
2. Does he plays basketball?
3. They lives in a small town.
4. I am go to school every day.
5. Where she does work?
6. There is two dogs in the park.

Respuestas

Ejercicio 1:

1. plays 2. do 3. Does 4. live 5. am 6. are 7. studies

Ejercicio 2:

1. I study English. 2. They do not work on Sundays. 3. Do you speak French? 4. We live in a big house. 5. Where does she work? 6. There are three books on the table. 7. He plays the guitar and sings.

Ejercicio 3 (Correcciones):

1. She doesn't like pizza. 2. Does he play basketball? 3. They live in a small town. 4. I go to school every day. 5. Where does she work? 6. There are two dogs in the park.

2.4 El presente simple

Objetivos de aprendizaje

- Comprender **el uso del presente simple** en inglés.
- Aprender **la conjugación** de los verbos en presente simple.
- Distinguir entre **oraciones afirmativas, negativas e interrogativas.**
- Aplicar las reglas de ortografía para **la tercera persona del singular.**
- Identificar y corregir los errores comunes en el uso del presente simple.
- Practicar con ejercicios variados para consolidar el aprendizaje.

Uso del presente simple

El presente simple se usa para:

1. **Hábitos y rutinas:**
    - She drinks coffee every morning. (*Ella toma café todas las mañanas.*)
    - I go to work at 8 a.m. (*Voy al trabajo a las 8 a. m.*)
    - They exercise every day. (*Ellos hacen ejercicio todos los días.*)

2. **Hechos generales y verdades universales:**
    - The sun rises in the east. (*El sol sale por el este.*)
    - Water boils at 100°C. (*El agua hierve a 100°C.*)
    - Cats hate water. (*Los gatos odian el agua.*)

3. **Situaciones permanentes:**
    - They live in Spain. (*Ellos viven en España.*)
    - He works in a bank. (*Él trabaja en un banco.*)
    - She teaches at a university. (*Ella enseña en una universidad.*)

4. **Horarios y eventos programados:**
    - The train leaves at 7 p.m. (*El tren sale a las 7 p. m.*)
    - The class starts at 9 a.m. (*La clase comienza a las 9 a. m.*)
    - The movie begins at 8 o'clock. (*La película empieza a las 8 en punto.*)

Estructura del presente simple

1. Oraciones afirmativas

Se usa la forma base del verbo (sin conjugación) para la mayoría de los sujetos (I, you, we, they), excepto la tercera persona del singular (he, she, it), donde se añade "-s" o "-es" al verbo (según las reglas ortográficas).

Sujeto	Verbo en presente simple	Ejemplo en inglés	Ejemplo en español
I	work	I work in a school.	Yo trabajo en una escuela.
You	play	You play soccer.	Tú juegas al fútbol.
He/She/It	studies	She studies English.	Ella estudia inglés.
We	live	We live in Mexico.	Nosotros vivimos en México.
They	eat	They eat vegetables.	Ellos comen verduras.

2. Oraciones negativas

Para formar una oración negativa, se coloca *do not (don't)* o *does not (doesn't)* antes del verbo.

Sujeto	Negación	Verbo	Ejemplo en inglés	Ejemplo en español
I	do not (don't)	like	I don't like tea.	No me gusta el té.
You	do not (don't)	study	You don't study math.	Tú no estudias matemáticas.
He/She/It	does not (doesn't)	work	He doesn't work here.	Él no trabaja aquí.
We	do not (don't)	eat	We don't eat meat.	Nosotros no comemos carne.
They	do not (don't)	watch	They don't	Ellos no ven

Sujeto	Negación	Verbo	Ejemplo en inglés	Ejemplo en español
			watch TV.	televisión.

3. Oraciones interrogativas

Para formar preguntas, se coloca *do* o *does* al inicio de la oración.

Auxiliar	Sujeto	Verbo	Ejemplo en inglés	Ejemplo en español
Do	I/you/we/they	like	Do you like coffee?	¿Te gusta el café?
Does	he/she/it	play	Does she play the piano?	¿Ella toca el piano?
Do	they	live	Do they live in Spain?	¿Ellos viven en España?

Reglas ortográficas en la tercera persona del singular:

1. **Se añade "-s" al final de la mayoría de los verbos:**
    - He reads a book. (*Él lee un libro.*)
    - She cooks dinner. (*Ella cocina la cena.*)
2. **Para verbos terminados en "-o", "-ch", "-sh", "-x", "-ss", se añade "-es" al final del verbo:**
    - He goes to school. (*Él va a la escuela.*)
    - She watches TV. (*Ella ve televisión.*)
3. **Para verbos terminados en consonante + "y", se cambia la "y" por "i" y se añade "-es":**
    - He studies English. (*Él estudia inglés.*)
    - She tries her best. (*Ella hace su mejor esfuerzo.*)

Ejercicios prácticos

Ejercicio 1: Completa las oraciones con la forma correcta del verbo en presente simple

1. She _______ (go) to school every day.
2. We _______ (not/watch) TV in the morning.
3. _______ (he/play) soccer on Sundays?
4. They _______ (study) English at the university.
5. I _______ (not/eat) fast food.

Ejercicio 2: Traduce las siguientes oraciones al inglés

1. Ella trabaja en un banco.
2. Nosotros no bebemos café.
3. ¿Él estudia en la universidad?
4. Los niños juegan en el parque.
5. Mi madre cocina la cena todas las noches.

Ejercicio 3: Corrige los errores en las siguientes oraciones

1. She don't like apples.
2. Do he plays tennis?
3. They lives in Mexico.
4. He go to work by car.
5. She wash the dishes after dinner.

Respuestas

Ejercicio 1:

1. goes 2. do not (don't) watch 3. Does he play 4. study 5. do not (don't) eat.

Ejercicio 2:

1. She works in a bank. 2. We do not drink coffee. 3. Does he study at the university? 4. The children play in the park. 5. My mother cooks dinner every night.

Ejercicio 3 (Correcciones):

1. She doesn't like apples. 2. Does he play tennis? 3. They live in Mexico. 4. He goes to work by car. 5. She washes the dishes after dinner.

2.5 El presente continuo

Objetivos de aprendizaje

- Comprender **el uso del presente continuo** en inglés.
- Aprender **la conjugación** de los verbos en presente continuo.
- Diferenciar entre **oraciones afirmativas, negativas e interrogativas.**
- Identificar la **diferencia entre presente simple y presente continuo.**
- Aplicar el presente continuo en distintos **contextos comunicativos**.
- Reforzar el conocimiento mediante ejercicios prácticos.

Uso del presente continuo

El presente continuo se usa para expresar:

1. **Acciones que están ocurriendo en este momento:**
   - She is talking on the phone right now. (*Ella está hablando por teléfono en este momento.*)
   - We are watching a movie. (*Estamos viendo una película.*)

2. **Acciones temporales:**
   - I am studying a lot these days. (*Estoy estudiando mucho estos días.*)
   - They are working from home this week. (*Ellos están trabajando desde casa esta semana.*)

3. **Planes futuros próximos:**
   - She is traveling to London next week. (*Ella va a viajar a Londres la próxima semana.*)
   - We are meeting our friends tonight. (*Nos encontraremos con nuestros amigos esta noche.*)

4. **Cambios o tendencias en desarrollo:**
   - The weather is getting colder. (*El clima se está volviendo más frío.*)

- More people are using electric cars. (*Cada vez más personas están usando coches eléctricos.*)

Estructura del presente continuo

El presente continuo se forma con el verbo "to be" conjugado en presente (am, is, are) y el verbo principal en forma "-ing".

1. Oraciones afirmativas

Sujeto	Verbo "to be"	Verbo con "-ing"	Ejemplo en inglés	Ejemplo en español
I	am	working	I am working today.	Hoy estoy trabajando.
You	are	studying	You are studying English.	Estás estudiando inglés.
He/She/It	is	sleeping	She is sleeping now.	Ella está durmiendo ahora.
We	are	playing	We are playing soccer.	Estamos jugando al fútbol.
They	are	eating	They are eating dinner.	Ellos están cenando.

2. Oraciones negativas

Para formar una oración negativa, se añade "not" después del verbo "to be".

Sujeto	Verbo "to be"	Negación	Verbo con "-ing"	Ejemplo en inglés	Ejemplo en español
I	am	not	working	I am not working today.	Hoy no estoy trabajando.
You	are	not	studying	You are not studying now.	No estás estudiando ahora.
He/She/It	is	not	watching	He is not watching TV.	Él no está viendo

Sujeto	Verbo "to be"	Negación	Verbo con "-ing"	Ejemplo en inglés	Ejemplo en español
					televisión.
We	are	not	playing	We are not playing soccer.	No estamos jugando al fútbol.
They	are	not	eating	They are not eating lunch.	Ellos no están almorzando.

3. Oraciones interrogativas

Para formar preguntas, se invierte el orden del verbo "to be" y el sujeto.

Verbo "to be"	Sujeto	Verbo con "-ing"	Ejemplo en inglés	Ejemplo en español
Am	I	working?	Am I working now?	¿Estoy trabajando ahora?
Are	you	studying?	Are you studying English?	¿Estás estudiando inglés?
Is	he/she/it	sleeping?	Is she sleeping?	¿Ella está durmiendo?
Are	we	playing?	Are we playing soccer?	¿Estamos jugando al fútbol?
Are	they	eating?	Are they eating dinner?	¿Ellos están cenando?

Diferencias entre presente simple y presente continuo

Presente simple	Presente continuo
Se usa para hábitos y rutinas.	Se usa para acciones en progreso en el momento.
I work on Mondays. (*Trabajo los lunes.*)	I am working right now. (*Estoy trabajando ahora.*)
She studies English. (*Ella estudia inglés.*)	She is studying now. (*Ella está estudiando ahora.*)
They live in Madrid. (*Viven en Madrid.*)	They are living in Madrid for a few months. (*Están viviendo en Madrid por unos meses.*)

Ejercicios prácticos

Ejercicio 1: Completa las oraciones con la forma correcta del verbo en presente continuo

1. She ________ (write) a letter now.
2. We ________ (not/watch) TV at the moment.
3. ________ (he/read) a book?
4. They ________ (study) for the exam.
5. I ________ (not/eat) breakfast right now.

Ejercicio 2: Traduce las siguientes oraciones al inglés

1. Ella está cocinando la cena.
2. Nosotros no estamos escuchando música.
3. ¿Ellos están jugando al baloncesto?
4. Mi hermana está durmiendo en su habitación.
5. Estoy aprendiendo inglés.

Ejercicio 3: Corrige los errores en las siguientes oraciones

1. She not is working today.
2. Are he playing soccer?
3. They is eating dinner now.
4. I am study English this week.
5. He watching TV at the moment.

Respuestas

Ejercicio 1:

1. is writing 2. are not watching 3. Is he reading 4. are studying 5. am not eating.

Ejercicio 2:

1. She is cooking dinner. 2. We are not listening to music. 3. Are they playing basketball? 4. My sister is sleeping in her room. 5. I am learning English.

Ejercicio 3 (Correcciones):

1. She is not working today. 2. Is he playing soccer? 3. They are eating dinner now. 4. I am studying English this week. 5. He is watching TV at the moment.

2.6 Los verbos modales

Objetivos de aprendizaje

- Comprender **el uso de los verbos modales** en inglés.
- Identificar los diferentes **significados y funciones** de cada verbo modal.
- Construir **oraciones afirmativas, negativas e interrogativas** con verbos modales.
- Aplicar los verbos modales en situaciones reales mediante ejercicios prácticos.

¿Qué son los verbos modales?

Los verbos modales son auxiliares que modifican el significado del verbo principal, expresando posibilidad, obligación, permiso o capacidad. No se conjugan en diferentes tiempos ni requieren el uso de "to" antes del verbo principal.

Los principales verbos modales en inglés son: **can, could, may, might, must, shall, should, will, would.**

Uso de los verbos modales

1. Can / Could (Poder / Podría)

- **Can** se usa para expresar capacidad, posibilidad o permiso.
    - *I can swim.* (Puedo nadar.)
    - *Can I leave early?* (¿Puedo irme temprano?)
- **Could** es la forma en pasado de "can", pero también se usa para sugerencias o posibilidades.
    - *When I was a child, I could run fast.* (Cuando era niño, podía correr rápido.)
    - *Could you help me, please?* (¿Podrías ayudarme, por favor?)

2. May / Might (Poder / Podría - posibilidad y permiso)

- **May** indica posibilidad y permiso formal.
    - *You may go now.* (Puedes irte ahora.)
    - *It may rain later.* (Puede que llueva más tarde.)
- **Might** expresa una posibilidad menos segura.
    - *I might travel to France next year.* (Quizás viaje a Francia el próximo año.)

3. Must / Have to (Deber / Tener que - obligación y certeza)

- **Must** expresa obligación fuerte o certeza.

- *You must wear a seatbelt.* (Debes usar el cinturón de seguridad.)
    - *It must be very cold outside.* (Debe hacer mucho frío afuera.)
- **Have to** indica obligación externa, pero suele ser más objetiva.
    - *I have to finish my homework.* (Tengo que terminar mi tarea.)

4. Shall / Should (Deber / Debería - sugerencias y consejos)

- **Shall** se usa para ofrecerse a hacer algo o para sugerencias formales.
    - *Shall we go to the park?* (¿Vamos al parque?)
- **Should** se usa para consejos o recomendaciones.
    - *You should eat more vegetables.* (Deberías comer más verduras.)

5. Will / Would (Futuro y condicional)

- **Will** se usa para el futuro o promesas.
    - *I will call you later.* (Te llamaré más tarde.)
- **Would** se usa para situaciones hipotéticas o cortesía.
    - *Would you like some coffee?* (¿Te gustaría un café?)
    - *If I were rich, I would travel the world.* (Si fuera rico, viajaría por el mundo.)

Estructura de las oraciones con verbos modales

Estructura	Ejemplo en inglés	Ejemplo en español
Sujeto + Modal + Verbo base	*She can sing well.*	*Ella puede cantar bien.*
Sujeto + Modal + Not + Verbo base	*He must not smoke here.*	*Él no debe fumar aquí.*
Modal + Sujeto + Verbo base (pregunta)	*Can you help me?*	*¿Puedes ayudarme?*

Ejercicios prácticos

Ejercicio 1: Completa las oraciones con el verbo modal correcto

1. You _______ (must / can) wear a helmet when riding a bike.
2. _______ (May / Would) I use your phone?
3. When I was younger, I _______ (could / must) run very fast.
4. She _______ (should / might) call you later.

5. If I were you, I _______ (would / shall) accept the offer.

Ejercicio 2: Traduce las siguientes oraciones al inglés

1. Debes terminar tu tarea.
2. ¿Podrías ayudarme con esto?
3. Puede que llueva mañana.
4. No deberías comer tanta comida rápida.
5. Si tuviera más tiempo, viajaría más.

Ejercicio 3: Corrige los errores en las siguientes oraciones

1. He must to go home early.
2. You can to swim well.
3. She should goes to the doctor.
4. May you help me?
5. If I am rich, I would buy a house.

Respuestas

Ejercicio 1:

1. must
2. May
3. could
4. might
5. would

Ejercicio 2:

1. You must finish your homework.
2. Could you help me with this?
3. It might rain tomorrow.
4. You should not eat so much fast food.
5. If I had more time, I would travel more.

Ejercicio 3 (Correcciones):

1. He must go home early.
2. You can swim well.
3. She should go to the doctor.
4. Can you help me?
5. If I were rich, I would buy a house.

2.7 Los adverbios de frecuencia

Objetivos de aprendizaje

- Comprender **el uso de los adverbios de frecuencia** en inglés.
- Aprender **la posición correcta** de los adverbios de frecuencia en las oraciones.
- Diferenciar **los distintos grados de frecuencia**.
- Aplicar los adverbios de frecuencia en situaciones cotidianas.
- Practicar con ejercicios para consolidar el conocimiento.
- Mejorar la fluidez en el uso de los adverbios de frecuencia mediante el análisis de ejemplos y ejercicios adicionales.

¿Qué son los adverbios de frecuencia?

Los adverbios de frecuencia indican con qué frecuencia ocurre una acción. Se utilizan para describir la periodicidad de un evento y su ubicación en la oración sigue reglas específicas:

- **Antes del verbo principal**: *She always drinks coffee in the morning.*
- **Después del verbo "to be"**: *He is never late.*

Estos adverbios responden a preguntas como:

- **How often do you go to the gym?** (*¿Con qué frecuencia vas al gimnasio?*)
- **Do you always eat breakfast?** (*¿Siempre desayunas?*)

Principales adverbios de frecuencia y su grado de frecuencia

Adverbio	Frecuencia	Ejemplo en inglés	Ejemplo en español
Always	100% - Siempre	*She always wakes up early.*	*Ella siempre se despierta temprano.*
Usually	80% - Usualmente	*They usually eat breakfast at 7 a.m.*	*Ellos usualmente desayunan a las 7 a. m.*

Adverbio	Frecuencia	Ejemplo en inglés	Ejemplo en español
Often	60% - A menudo	*I often go to the gym.*	*Voy al gimnasio a menudo.*
Sometimes	50% - A veces	*He sometimes watches TV in the evening.*	*Él a veces ve televisión por la noche.*
Occasionally	30% - Ocasionalmente	*We occasionally go to the theater.*	*Ocasionalmente vamos al teatro.*
Rarely	10% - Raramente	*She rarely eats fast food.*	*Ella rara vez come comida rápida.*
Never	0% - Nunca	*He never smokes.*	*Él nunca fuma.*

Posición de los adverbios de frecuencia

1. **Antes del verbo principal**
   - *She always drinks coffee in the morning.* (Ella siempre toma café en la mañana.)
   - *We often go to the beach on weekends.* (Nosotros a menudo vamos a la playa los fines de semana.)

2. **Después del verbo "to be" (am, is, are, was, were)**
   - *He is always on time.* (Él siempre llega a tiempo.)
   - *They are never late.* (Ellos nunca llegan tarde.)

3. **Entre el auxiliar y el verbo principal en tiempos compuestos**
   - *She has never been to Japan.* (Ella nunca ha estado en Japón.)
   - *I have always wanted to learn French.* (Siempre he querido aprender francés.)

4. **Al inicio o al final de la oración para mayor énfasis**
   - *Sometimes, I go for a walk in the park.* (A veces, voy a caminar al parque.)

- *I go to the gym twice a week, usually.* (Voy al gimnasio dos veces por semana, usualmente.)

5. **Usando adverbios de frecuencia en respuestas cortas**

    - *Do you exercise regularly? → Yes, I always do.* (*¿Haces ejercicio regularmente? → Sí, siempre lo hago.*)
    - *Does she arrive late? → No, she never does.* (*¿Ella llega tarde? → No, nunca lo hace.*)

Expresiones de frecuencia

Además de los adverbios de frecuencia, podemos usar expresiones de frecuencia para indicar periodicidad con mayor precisión:

Expresión de frecuencia	Ejemplo en inglés	Ejemplo en español
Every day	*I go to school every day.*	*Voy a la escuela todos los días.*
Once a week	*She goes to yoga once a week.*	*Ella va a yoga una vez a la semana.*
Twice a month	*We visit our grandparents twice a month.*	*Visitamos a nuestros abuelos dos veces al mes.*
Three times a year	*He travels abroad three times a year.*	*Él viaja al extranjero tres veces al año.*
Every weekend	*They play soccer every weekend.*	*Ellos juegan al fútbol todos los fines de semana.*

Ejercicios prácticos

Ejercicio 1: Completa las oraciones con el adverbio de frecuencia correcto

1. She ____ (always / rarely) arrives late.
2. We ____ (never / sometimes) eat pizza on Fridays.
3. He ____ (often / occasionally) goes to the gym.
4. They ____ (usually / never) take the bus to work.
5. I ____ (rarely / always) drink coffee in the morning.

Ejercicio 2: Traduce las siguientes oraciones al inglés

1. Nosotros siempre estudiamos juntos.
2. Ella a veces va al cine.
3. Raramente comemos comida rápida.
4. Él nunca llega tarde a las reuniones.
5. A menudo visitamos a nuestros amigos los domingos.

Ejercicio 3: Corrige los errores en las siguientes oraciones

1. He is go always to the gym.
2. They eats usually dinner at 7 p.m.
3. She sometimes is late to class.
4. We never are late to school.
5. You should to always do your homework.

Ejercicio 4: Escribe una oración usando cada adverbio de frecuencia

1. Always: ______________________________
2. Usually: ______________________________
3. Often: ______________________________
4. Sometimes: ______________________________
5. Rarely: ______________________________
6. Never: ______________________________

Respuestas

Ejercicio 1:

1. always
2. sometimes
3. often
4. usually
5. rarely

Ejercicio 2:

1. We always study together.
2. She sometimes goes to the cinema.
3. We rarely eat fast food.
4. He never arrives late to meetings.
5. We often visit our friends on Sundays.

Ejercicio 3 (Correcciones):

1. He always goes to the gym.
2. They usually eat dinner at 7 p.m.
3. She is sometimes late to class.
4. We are never late to school.

5. You should always do your homework.

Ejercicio 4: (Las respuestas pueden variar según el estudiante)

1. I always brush my teeth before bed.
2. She usually drinks tea in the morning.
3. We often play soccer in the park.
4. He sometimes watches movies at night.
5. They rarely go to the beach in winter.
6. I never smoke.

2.8 El pasado simple

Objetivos de aprendizaje

- Comprender **el uso del pasado simple** en inglés.
- Aprender **la conjugación de los verbos regulares e irregulares en pasado.**
- Distinguir entre **oraciones afirmativas, negativas e interrogativas en pasado simple.**
- Aplicar el tiempo pasado en situaciones cotidianas mediante ejercicios prácticos.
- Identificar errores comunes en el uso del pasado simple y corregirlos.
- Contrastar el pasado simple con otros tiempos verbales del pasado.
- Explorar el uso del pasado simple en narraciones y descripciones históricas.

Uso del pasado simple

El pasado simple se utiliza para expresar acciones que ocurrieron en un momento específico en el pasado. Se emplea cuando el evento ya está completado y no tiene conexión con el presente.

1. **Acciones completadas en el pasado**
   - *She visited her grandmother last week.* (Ella visitó a su abuela la semana pasada.)
   - *We watched a movie yesterday.* (Vimos una película ayer.)
2. **Eventos en orden cronológico**
   - *I woke up, brushed my teeth, and left for work.* (Me desperté, me cepillé los dientes y salí a trabajar.)
3. **Hábitos pasados**
   - *He always walked to school when he was a child.* (Él siempre caminaba a la escuela cuando era niño.)
4. **Acciones en un momento específico**

- *They arrived at 8 p.m.* (Ellos llegaron a las 8 p. m.)

5. **Uso del pasado simple en narraciones**

    - *The king declared war and the battle began.* (El rey declaró la guerra y la batalla comenzó.)
    - *She opened the book and started reading.* (Ella abrió el libro y empezó a leer.)

Estructura del pasado simple

1. Oraciones afirmativas

Se usa el verbo en su forma de pasado. Para los verbos regulares, se añade "-ed" al final. Para los verbos irregulares, la forma cambia.

Sujeto	Verbo en pasado	Ejemplo en inglés	Ejemplo en español
I	worked	I worked yesterday.	Yo trabajé ayer.
You	played	You played soccer.	Tú jugaste al fútbol.
He/She/It	studied	She studied English.	Ella estudió inglés.
We	visited	We visited our grandparents.	Nosotros visitamos a nuestros abuelos.
They	went	They went to the park.	Ellos fueron al parque.

2. Oraciones negativas

Para negar, se usa "did not" (didn't) seguido del verbo en su forma base.

Sujeto	Did not (didn't)	Verbo base	Ejemplo en inglés	Ejemplo en español
I	didn't	work	I didn't work yesterday.	No trabajé ayer.
You	didn't	play	You didn't play soccer.	No jugaste al fútbol.
He/She/It	didn't	study	She didn't study English.	Ella no estudió inglés.

Sujeto	Did not (didn't)	Verbo base	Ejemplo en inglés	Ejemplo en español
We	didn't	visit	We didn't visit our grandparents.	No visitamos a nuestros abuelos.
They	didn't	go	They didn't go to the park.	No fueron al parque.

3. Oraciones interrogativas

Para preguntas, se usa "Did" al inicio de la oración seguido del sujeto y el verbo en su forma base.

Did	Sujeto	Verbo base	Ejemplo en inglés	Ejemplo en español
Did	I	work	Did I work yesterday?	¿Trabajé ayer?
Did	you	play	Did you play soccer?	¿Jugaste al fútbol?
Did	He/She/It	study	Did she study English?	¿Ella estudió inglés?
Did	we	visit	Did we visit our grandparents?	¿Visitamos a nuestros abuelos?
Did	they	go	Did they go to the park?	¿Fueron al parque?

Verbos regulares e irregulares

1. Verbos regulares

Los verbos regulares forman el pasado simple añadiendo "-ed" al final del verbo.

Verbo en infinitivo	Pasado simple
Work	Worked
Play	Played
Study	Studied
Visit	Visited
Watch	Watched

2. Verbos irregulares

Los verbos irregulares no siguen reglas fijas para su conjugación en pasado simple, por lo que es necesario memorizarlos individualmente.

Verbo en infinitivo	Pasado simple
Go	Went
Have	Had
See	Saw
Eat	Ate
Take	Took

Ejercicios prácticos

Ejercicio 1: Completa las oraciones con la forma correcta del verbo en pasado simple

1. She ________ (visit) her grandparents last weekend.
2. We ________ (not/watch) TV yesterday.
3. ________ (you/play) soccer on Saturday?
4. They ________ (go) to the cinema last night.
5. I ________ (not/eat) fast food last week.

Ejercicio 2: Traduce las siguientes oraciones al inglés

1. Él fue a la escuela temprano.
2. Nosotros no estudiamos para el examen.
3. ¿Viajaste a otro país el año pasado?
4. Ayer cociné una cena deliciosa.
5. Ellos no jugaron videojuegos el fin de semana pasado.

Ejercicio 3: Corrige los errores en las siguientes oraciones

1. He go to work yesterday.
2. They didn't went to the party.
3. Did she studied English?
4. We was very happy last summer.
5. I not watched the movie.

Ejercicio 4: Escribe una historia corta en pasado simple

Escribe una historia de al menos 5 oraciones usando verbos en pasado simple.

Por ejemplo: "Yesterday, I woke up early. I made coffee and read a book. Later, I met my friends in the park. We played soccer and had fun. In the evening, I watched a movie and went to bed."

Respuestas

Ejercicio 1:

1. visited
2. did not (didn't) watch
3. Did you play
4. went
5. did not (didn't) eat

Ejercicio 2:

1. He went to school early.
2. We didn't study for the exam.
3. Did you travel to another country last year?
4. I cooked a delicious dinner yesterday.
5. They didn't play video games last weekend.

Ejercicio 3 (Correcciones):

1. He went to work yesterday.
2. They didn't go to the party.
3. Did she study English?
4. We were very happy last summer.
5. I did not watch the movie.

Ejercicio 4: (Respuesta variada según el estudiante)

2.9 El pasado continuo

Objetivos de aprendizaje

- Comprender **el uso del pasado continuo** en inglés.
- Aprender **la conjugación del verbo "to be" en pasado junto con la forma "-ing" de los verbos.**
- Distinguir entre **el pasado simple y el pasado continuo.**
- Aplicar el pasado continuo en narraciones y descripciones de acciones en progreso.
- Practicar mediante ejercicios para consolidar el aprendizaje.

Uso del pasado continuo

El pasado continuo se utiliza para describir acciones que estaban en progreso en un momento específico del pasado. También se usa para indicar interrupciones o acciones simultáneas en el pasado.

1. **Acciones en progreso en un momento específico del pasado**
   - *She was reading a book at 8 p.m.* (Ella estaba leyendo un libro a las 8 p. m.)
   - *We were watching TV when the phone rang.* (Estábamos viendo la televisión cuando sonó el teléfono.)
2. **Dos acciones simultáneas en el pasado**
   - *While I was cooking, she was setting the table.* (Mientras yo estaba cocinando, ella estaba poniendo la mesa.)
3. **Interrupción de una acción en curso por otra acción en pasado simple**
   - *I was sleeping when the alarm went off.* (Estaba durmiendo cuando sonó la alarma.)
   - *They were walking in the park when it started to rain.* (Ellos estaban caminando en el parque cuando empezó a llover.)

Estructura del pasado continuo

El pasado continuo se forma con el verbo "to be" en pasado (was/were) seguido del verbo principal en su forma -ing.

1. Oraciones afirmativas

Sujeto	Verbo "to be" (pasado)	Verbo + -ing	Ejemplo en inglés	Ejemplo en español
I	was	working	I was working yesterday.	Yo estaba trabajando ayer.
You	were	playing	You were playing soccer.	Tú estabas jugando al fútbol.
He/She/It	was	studying	She was studying English.	Ella estaba estudiando inglés.
We	were	visiting	We were visiting our grandparents.	Nosotros estábamos visitando a nuestros abuelos.
They	were	eating	They were eating dinner.	Ellos estaban cenando.

2. Oraciones negativas

Para formar oraciones negativas, se añade "not" después de "was/were".

Sujeto	Verbo "to be" (pasado)	Negación	Verbo + -ing	Ejemplo en inglés	Ejemplo en español
I	was	not	working	I was not working yesterday.	Yo no estaba trabajando ayer.
You	were	not	playing	You were not playing soccer.	Tú no estabas jugando al fútbol.
He/She/It	was	not	studying	She was not	Ella no estaba

Sujeto	Verbo "to be" (pasado)	Negación	Verbo + -ing	Ejemplo en inglés	Ejemplo en español
				studying English.	estudiando inglés.
We	were	not	visiting	We were not visiting our grandparents.	Nosotros no estábamos visitando a nuestros abuelos.
They	were	not	eating	They were not eating dinner.	Ellos no estaban cenando.

3. Oraciones interrogativas

Para hacer preguntas, se invierte el orden de "was/were" y el sujeto.

Verbo "to be" (pasado)	Sujeto	Verbo + -ing	Ejemplo en inglés	Ejemplo en español
Was	I	working	Was I working yesterday?	¿Estaba yo trabajando ayer?
Were	you	playing	Were you playing soccer?	¿Estabas jugando al fútbol?
Was	he/she/it	studying	Was she studying English?	¿Ella estaba estudiando inglés?
Were	we	visiting	Were we visiting our grandparents?	¿Estábamos visitando a nuestros abuelos?
Were	they	eating	Were they eating dinner?	¿Ellos estaban cenando?

Diferencias entre pasado simple y pasado continuo

Pasado simple	Pasado continuo
Se usa para acciones completadas en el pasado.	Se usa para acciones en progreso en un momento específico del pasado.
I watched TV last night. (Vi la televisión anoche.)	*I was watching TV at 8 p.m.* (Estaba viendo la televisión a las 8 p. m.)
She arrived at 6 p.m. (Ella llegó a las 6 p. m.)	*She was arriving when it started to rain.* (Ella estaba llegando cuando empezó a llover.)

Ejercicios prácticos

Ejercicio 1: Completa las oraciones con la forma correcta del pasado continuo

1. She _______ (read) a book when the phone rang.
2. We _______ (not/watch) TV at that time.
3. _______ (he/work) when you arrived?
4. They _______ (walk) in the park when it started to rain.
5. I _______ (not/sleep) at 11 p.m. last night.

Ejercicio 2: Traduce las siguientes oraciones al inglés

1. Yo estaba cocinando cuando mi hermano llegó.
2. Nosotros no estábamos estudiando anoche.
3. ¿Ella estaba bailando en la fiesta?
4. Ellos estaban conduciendo a casa cuando comenzó a llover.
5. Estabas hablando por teléfono cuando te vi.

Ejercicio 3: Corrige los errores en las siguientes oraciones

1. He was play soccer when I saw him.
2. They weren't ate dinner at that time.
3. She was watching TV when you called?
4. We was going to school at 7 a.m.
5. I not was studying last night.

Respuestas

Ejercicio 1:

1. was reading
2. were not watching
3. Was he working

4. were walking
5. was not sleeping

Ejercicio 2:

1. I was cooking when my brother arrived.
2. We were not studying last night.
3. Was she dancing at the party?
4. They were driving home when it started to rain.
5. You were talking on the phone when I saw you.

Ejercicio 3 (Correcciones):

1. He was playing soccer when I saw him.
2. They weren't eating dinner at that time.
3. Was she watching TV when you called?
4. We were going to school at 7 a.m.
5. I was not studying last night.

2.10 El presente perfecto

Objetivos de aprendizaje

- Comprender **el uso del presente perfecto** en inglés.
- Aprender **la conjugación del presente perfecto con el verbo "to have" y el participio pasado.**
- Distinguir entre **el presente perfecto y el pasado simple**.
- Aplicar el presente perfecto en situaciones cotidianas mediante ejercicios prácticos.
- Identificar errores comunes en el uso del presente perfecto y corregirlos.

Uso del presente perfecto

El presente perfecto se usa para describir acciones que ocurrieron en el pasado pero que tienen impacto en el presente. También se usa para hablar de experiencias o situaciones que han sucedido en un período de tiempo no especificado.

1. **Acciones que han ocurrido en un período de tiempo no específico**

    - *I have visited Paris.* (He visitado París.)
    - *She has seen that movie before.* (Ella ha visto esa película antes.)

2. **Acciones que comenzaron en el pasado y continúan en el presente**

    - *We have lived here for ten years.* (Hemos vivido aquí durante diez años.)
    - *He has worked at this company since 2015.* (Él ha trabajado en esta empresa desde 2015.)

3. **Acciones que han ocurrido varias veces en el pasado**

    - *They have traveled to Spain three times.* (Han viajado a España tres veces.)
    - *I have eaten sushi many times.* (He comido sushi muchas veces.)

4. **Acciones recientes con impacto en el presente**

   - *I have just finished my homework.* (Acabo de terminar mi tarea.)
   - *She has lost her keys.* (Ella ha perdido sus llaves.)

Estructura del presente perfecto

El presente perfecto se forma con "have/has" seguido del participio pasado del verbo.

1. Oraciones afirmativas

Sujeto	Verbo "have/has"	Participio pasado	Ejemplo en inglés	Ejemplo en español
I	have	studied	I have studied English.	He estudiado inglés.
You	have	visited	You have visited London.	Has visitado Londres.
He/She/It	has	eaten	She has eaten sushi.	Ella ha comido sushi.
We	have	worked	We have worked a lot.	Hemos trabajado mucho.
They	have	traveled	They have traveled to Spain.	Han viajado a España.

2. Oraciones negativas

Para formar oraciones negativas, se añade "not" después de "have/has".

Sujeto	Verbo "have/has"	Negación	Participio pasado	Ejemplo en inglés	Ejemplo en español
I	have	not	studied	I have not studied English.	No he estudiado inglés.
You	have	not	visited	You have not visited	No has visitado

Sujeto	Verbo "have/has"	Negación	Participio pasado	Ejemplo en inglés	Ejemplo en español
				London.	Londres.
He/She/It	has	not	eaten	She has not eaten sushi.	Ella no ha comido sushi.
We	have	not	worked	We have not worked a lot.	No hemos trabajado mucho.
They	have	not	traveled	They have not traveled to Spain.	No han viajado a España.

3. Oraciones interrogativas

Para hacer preguntas, se invierte el orden de "have/has" y el sujeto.

Verbo "have/has"	Sujeto	Participio pasado	Ejemplo en inglés	Ejemplo en español
Have	I	studied	Have I studied English?	¿He estudiado inglés?
Have	you	visited	Have you visited London?	¿Has visitado Londres?
Has	He/She/It	eaten	Has she eaten sushi?	¿Ella ha comido sushi?
Have	we	worked	Have we worked a lot?	¿Hemos trabajado mucho?
Have	they	traveled	Have they traveled to Spain?	¿Han viajado a España?

Diferencias entre pasado simple y presente perfecto

Pasado simple	Presente perfecto
Se usa para acciones que ocurrieron en un momento específico en el pasado.	Se usa para acciones que ocurrieron en un tiempo no específico.

Pasado simple	Presente perfecto
I saw that movie yesterday. (Vi esa película ayer.)	*I have seen that movie.* (He visto esa película.)
She went to Paris last year. (Ella fue a París el año pasado.)	*She has been to Paris.* (Ella ha estado en París.)

Ejercicios prácticos

Ejercicio 1: Completa las oraciones con la forma correcta del presente perfecto

1. She _______ (visit) France several times.
2. We _______ (not/see) that movie yet.
3. _______ (he/finish) his homework?
4. They _______ (work) at this company since 2010.
5. I _______ (just/buy) a new car.

Ejercicio 2: Traduce las siguientes oraciones al inglés

1. Yo nunca he probado sushi.
2. Nosotros hemos vivido en esta ciudad durante cinco años.
3. ¿Has terminado tu tarea?
4. Ella ha viajado por todo el mundo.
5. Ellos no han visitado España.

Ejercicio 3: Corrige los errores en las siguientes oraciones

1. He has saw that movie before.
2. They haven't never been to Japan.
3. Have she finished her work?
4. We has lived here for a long time.
5. I not have studied for the test.

Respuestas

Ejercicio 1:

1. has visited
2. have not seen
3. Has he finished
4. have worked
5. have just bought

Ejercicio 2:

1. I have never tried sushi.
2. We have lived in this city for five years.
3. Have you finished your homework?
4. She has traveled around the world.
5. They have not visited Spain.

Ejercicio 3 (Correcciones):

1. He has seen that movie before.
2. They haven't been to Japan.
3. Has she finished her work?
4. We have lived here for a long time.
5. I have not studied for the test.

Capítulo 3: Vocabulario esencial

3.1 Números y fechas

Objetivos de aprendizaje

- Aprender **los números en inglés del 1 al 100 y más.**
- Comprender cómo se forman **los números ordinales** y cómo usarlos correctamente.
- Expresar **fechas** correctamente en inglés, incluyendo **días de la semana y meses.**
- Practicar la escritura y pronunciación de los números y fechas.
- Aplicar el conocimiento en situaciones reales, tales como cumpleaños, horarios y eventos importantes.
- Familiarizarse con cómo expresar **los años** en inglés.

Vocabulario esencial

Números cardinales (Cardinal Numbers)

Inglés	Español
One	Uno
Two	Dos
Three	Tres
Four	Cuatro
Five	Cinco
Six	Seis
Seven	Siete
Eight	Ocho
Nine	Nueve
Ten	Diez
Eleven	Once
Twelve	Doce
Thirteen	Trece
Fourteen	Catorce

Inglés	Español
Fifteen	Quince
Sixteen	Dieciséis
Seventeen	Diecisiete
Eighteen	Dieciocho
Nineteen	Diecinueve
Twenty	Veinte
Thirty	Treinta
Forty	Cuarenta
Fifty	Cincuenta
Sixty	Sesenta
Seventy	Setenta
Eighty	Ochenta
Ninety	Noventa
One hundred	Cien
One thousand	Mil
Ten thousand	Diez mil
One hundred thousand	Cien mil
One million	Un millón

Números ordinales (Ordinal Numbers)

Inglés	Español
First	Primero
Second	Segundo
Third	Tercero
Fourth	Cuarto
Fifth	Quinto
Sixth	Sexto
Seventh	Séptimo
Eighth	Octavo

Inglés	Español
Ninth	Noveno
Tenth	Décimo
Eleventh	Undécimo
Twelfth	Duodécimo
Thirteenth	Decimotercero
Fourteenth	Decimocuarto
Fifteenth	Decimoquinto
Sixteenth	Decimosexto
Seventeenth	Decimoséptimo
Eighteenth	Decimoctavo
Nineteenth	Decimonoveno
Twentieth	Vigésimo
Twenty-first	Vigésimo primero
Thirtieth	Trigésimo
Fortieth	Cuadragésimo
Fiftieth	Quincuagésimo
Hundredth	Centésimo

Fechas en inglés (Dates in English)

- *Today is March 5th, 2023.* (Hoy es 5 de marzo de 2023.)
- *My birthday is on July 10th.* (Mi cumpleaños es el 10 de julio.)
- *Christmas is on December 25th.* (Navidad es el 25 de diciembre.)
- *The meeting is on the 2nd of May.* (La reunión es el 2 de mayo.)
- *The event took place on August 21st, 1995.* (El evento tuvo lugar el 21 de agosto de 1995.)

Días de la semana (Days of the week):

- Monday (Lunes)
- Tuesday (Martes)

- Wednesday (Miércoles)
- Thursday (Jueves)
- Friday (Viernes)
- Saturday (Sábado)
- Sunday (Domingo)

Meses del año (Months of the year):

- January (Enero)
- February (Febrero)
- March (Marzo)
- April (Abril)
- May (Mayo)
- June (Junio)
- July (Julio)
- August (Agosto)
- September (Septiembre)
- October (Octubre)
- November (Noviembre)
- December (Diciembre)

Año (Year):

Años antes del 2000

Divídelos en dos partes:

- *1985 → 19 (nineteen) + 85 (eighty-five) → nineteen eighty-five.*
- *1492 → 14 (fourteen) + 92 (ninety-two) → fourteen ninety-two.*

Años del 2000 en adelante

Dos formas comunes:

Dividir en dos partes (la más usada):

- *2023 → 20 (twenty) + 23 (twenty-three) → twenty twenty-three.*
- *2015 → twenty fifteen.*

Usar "two thousand" (menos común después de 2010):

- *2005 → two thousand (and) five.*

- *2012 → two thousand (and) twelve.*

Años terminados en "00"

Usa "hundred" para los años entre 1100 y 1999:

- *1500* → fifteen hundred (no one thousand five hundred).

Para el año 2000:

- *2000 → two thousand (no twenty hundred).*

Ejercicios prácticos

Ejercicio 1: Completa las frases con los números correctos

1. I have _______ apples. (Tengo 7 manzanas.)
2. There are _______ students in the class. (Hay 20 estudiantes en la clase.)
3. Today is the _______ of April. (Hoy es el 14 de abril.)
4. She was born on the _______ of November. (Ella nació el 22 de noviembre.)
5. The event happened in the year _______. (El evento ocurrió en el año 1998.)
6. My birthday is on the _______ of July. (Mi cumpleaños es el 10 de julio.)

Ejercicio 2: Traduce las siguientes frases al inglés

1. Hoy es 3 de marzo.
2. Mi cumpleaños es el 15 de agosto.
3. La Navidad es el 25 de diciembre.
4. Tengo treinta años.
5. La reunión es el 2 de mayo.
6. Mi abuelo nació en 1945.

Ejercicio 3: Responde las preguntas en inglés

1. What is today's date?
2. When is your birthday?
3. How many days are in a week?
4. What comes after Tuesday?
5. How do you say "diciembre" in English?
6. How do you say the year 2005 in English?

Respuestas

Ejercicio 1:

1. seven
2. twenty

3. fourteenth
4. twenty-second
5. nineteen ninety-eight
6. tenth

Ejercicio 2:

1. Today is March 3rd.
2. My birthday is on August 15th.
3. Christmas is on December 25th.
4. I am thirty years old.
5. The meeting is on May 2nd.
6. My grandfather was born in 1945.

Ejercicio 3:

1. Today's date is… (Depende de la fecha actual)
2. My birthday is on… (Responde con tu cumpleaños)
3. There are seven days in a week.
4. Wednesday comes after Tuesday.
5. "Diciembre" in English is "December."
6. The year 2005 is pronounced "two thousand and five" or "twenty-oh-five."

3.2 Saludos y expresiones cotidianas

Objetivos de aprendizaje

- Aprender y usar **saludos y expresiones comunes** en inglés.
- Diferenciar entre **saludos formales e informales**.
- Practicar la pronunciación y mejorar la fluidez en conversaciones básicas.

Saludos y despedidas más comunes

Saludos básicos

Inglés	Español	Pronunciación (IPA)	Cuándo usarlo
Hello!	¡Hola!	[həˈloʊ]	Saludo general en cualquier momento del día.
Hi!	¡Hola! (informal)	[haɪ]	Saludo informal entre amigos o conocidos.
Good morning!	¡Buenos días!	[gʊ d ˈmɔːrnɪŋ]	Por la mañana, hasta el mediodía.
Good afternoon!	¡Buenas tardes!	[gʊ d ˈæftərˈnuːn]	Desde el mediodía hasta la tarde.
Good evening!	¡Buenas noches!	[gʊ d ˈiːvnɪŋ]	Al llegar la noche, en saludos.
How are you?	¿Cómo estás?	[haʊ ɑːr juː]	Saludo para preguntar sobre el estado de la otra persona.
How's it going?	¿Cómo te va?	[haʊz ɪt ˈgoʊɪŋ]	Saludo informal para preguntar cómo está alguien.
What's up?	¿Qué tal? / ¿Qué pasa?	[wʌts ʌp]	Saludo muy informal, entre amigos.

Respuestas comunes a saludos

Inglés	Español	Pronunciación (IPA)

Inglés	Español	Pronunciación (IPA)
I'm fine, thanks!	¡Estoy bien, gracias!	[aɪm faɪn, θæŋks]
I'm good!	¡Estoy bien!	[aɪm gʊd]
Not bad.	Nada mal.	[nɒt bæd]
Pretty good!	¡Bastante bien!	[ˈprɪti gʊd]
I'm tired.	Estoy cansado/a.	[aɪm ˈtaɪərd]
I'm a bit busy.	Estoy un poco ocupado/a.	[aɪm ə bɪt ˈbɪzi]

Despedidas más comunes

Inglés	Español	Pronunciación (IPA)	Cuándo usarlo
Goodbye!	¡Adiós!	[gʊ dˈbaɪ]	Despedida formal o general.
Bye!	¡Chao!	[baɪ]	Informal, entre amigos o conocidos.
See you later!	¡Nos vemos luego!	[siː juː ˈleɪtər]	Para indicar que se verán más tarde.
See you soon!	¡Hasta pronto!	[siː juː suːn]	Para cuando se espera ver a la persona en poco tiempo.
Take care!	¡Cuídate!	[teɪk keər]	Despedida afectuosa.
Have a nice day!	¡Que tengas un buen día!	[hæv ə naɪs deɪ]	Usado al despedirse por la mañana o tarde.
Good night!	¡Buenas noches!	[gʊ d naɪt]	Para despedirse antes de dormir.

Ejercicio 1: Repetición y práctica de saludos

Objetivo: Mejorar la fluidez en el uso de saludos en inglés.

Pasos:

1. Pronuncia cada saludo en voz alta al menos 3 veces.
2. Usa un espejo para verte mientras hablas y asegurarte de que los movimientos de la boca sean correctos.
3. Escucha grabaciones de hablantes nativos e intenta imitar la entonación.

Ejercicio 2: Rellenar los espacios en blanco

Completa las siguientes frases con la palabra correcta:

1. ___________**! How are you?** (Hello / Goodbye / See you)
2. **Good** ___________! (morning / cat / desk)
3. **See you**___________! (yesterday / soon / dog)
4. **Nice to** ___________ **you!** (eat / meet / take)
5. **Have a** ___________ **day!** (fast / nice / red)

Ejercicio 3: Simulación de conversación

Objetivo: Practicar una conversación con saludos y despedidas.

Pasos:

1. En pareja o solo, actúa una conversación usando saludos, preguntas y despedidas.
2. Usa diferentes respuestas y despedidas para variar la conversación.
3. Graba tu voz y escucha si tu pronunciación es clara.

Ejemplo:

- A: Hello! How's it going?
- B: Hey! Pretty good, thanks. What about you?
- A: I'm fine. Have a nice day!
- B: You too! Bye!

Ejercicio 4: Tarjetas de vocabulario

Objetivo: Memorizar saludos y despedidas en inglés.

Pasos:

1. Escribe saludos en un lado de una tarjeta y sus traducciones en el otro.
2. Revísalas diariamente y trata de recordar cada una sin mirar la traducción.
3. Pide a alguien que te haga preguntas como "¿Cómo se dice 'Buenas tardes' en inglés?" y responde sin ver la tarjeta.

Respuestas

Ejercicio 2:

1. Hello 2. morning 3. soon 4. meet 5. nice

3.3 Los colores y la ropa

Objetivos de aprendizaje

- Aprender **los nombres de los colores** en inglés y su uso en descripciones
- Explorar **el vocabulario relacionado con la ropa** y su aplicación en diferentes contextos.
- Describir la vestimenta de una persona con precisión.
- Aprender expresiones comunes sobre ropa y colores.
- Aplicar lo aprendido en ejercicios de conversación y escritura.

Vocabulario esencial

Colores en inglés (Colors in English)

Inglés	Español
Red	Rojo
Blue	Azul
Yellow	Amarillo
Green	Verde
Orange	Naranja
Purple	Morado
Pink	Rosa
Brown	Marrón/Café
Black	Negro
White	Blanco
Gray	Gris
Light blue	Azul claro
Dark green	Verde oscuro

Vocabulario de ropa (Clothing Vocabulary)

Inglés	Español
Shirt	Camisa
T-shirt	Camiseta
Pants	Pantalones
Jeans	Vaqueros

Inglés	Español
Shorts	Pantalones cortos
Dress	Vestido
Skirt	Falda
Jacket	Chaqueta
Coat	Abrigo
Sweater	Suéter
Scarf	Bufanda
Hat	Sombrero
Shoes	Zapatos
Sneakers	Zapatillas deportivas
Boots	Botas
Socks	Calcetines
Gloves	Guantes
Belt	Cinturón
Suit	Traje
Tie	Corbata

Expresiones útiles sobre ropa y colores

- *I am wearing a red dress.* (Estoy usando un vestido rojo.)
- *He is wearing blue jeans and a white shirt.* (Él lleva puestos unos vaqueros azules y una camisa blanca.)
- *She has a black jacket and a pink scarf.* (Ella tiene una chaqueta negra y una bufanda rosa.)
- *What color are your shoes?* (¿De qué color son tus zapatos?)
- *I like your green sweater!* (¡Me gusta tu suéter verde!)
- *This coat is too big for me.* (Este abrigo es demasiado grande para mí.)
- *She always wears elegant clothes.* (Ella siempre viste ropa elegante.)
- *These sneakers are very comfortable.* (Estas zapatillas deportivas son muy cómodas.)

Ejercicios prácticos

Ejercicio 1: Completa las frases con el color correcto

1. The apple is __________. (La manzana es roja.)

2. The sky is __________. (El cielo es azul.)
3. The sun is __________. (El sol es amarillo.)
4. My shoes are __________. (Mis zapatos son negros.)
5. She has a __________ bag. (Ella tiene un bolso marrón.)

Ejercicio 2: Completa con la prenda de ropa correcta

1. I wear a ________ in winter to keep warm. (Uso un abrigo en invierno para mantenerme caliente.)
2. He is wearing a ________ and tie for the wedding. (Él lleva puesto un traje y corbata para la boda.)
3. She likes to wear ________ in summer. (A ella le gusta usar faldas en verano.)
4. My father always wears a ________ to work. (Mi padre siempre usa una camisa para el trabajo.)
5. We need to wear ________ when it rains. (Necesitamos usar botas cuando llueve.)

Ejercicio 3: Traduce las siguientes frases al inglés

1. Me gusta tu camisa azul.
2. ¿De qué color es tu coche?
3. Mi hermana siempre usa vestidos elegantes.
4. Prefiero llevar pantalones cortos en verano.
5. ¿Tienes una chaqueta negra?

Ejercicio 4: Responde las siguientes preguntas

1. What are you wearing today?
2. What color are your favorite shoes?
3. What do you usually wear in winter?
4. Do you prefer jeans or shorts?
5. What color is your school uniform (if you have one)?

Respuestas

Ejercicio 1:

1. red
2. blue
3. yellow
4. black
5. brown

Ejercicio 2:

1. coat
2. suit
3. skirt
4. shirt
5. boots

Ejercicio 3:

1. I like your blue shirt.
2. What color is your car?
3. My sister always wears elegant dresses.
4. I prefer to wear shorts in summer.
5. Do you have a black jacket?

Ejercicio 4: (Respuesta variada según el estudiante)

3.4 La familia y las relaciones

Objetivos de aprendizaje

- Aprender **el vocabulario relacionado con la familia y las relaciones personales**.
- Describir **la estructura familiar** en inglés.
- Practicar **expresiones comunes** utilizadas en conversaciones sobre la familia.
- Desarrollar habilidades para hablar sobre relaciones interpersonales y parentescos.
- Aplicar el vocabulario aprendido en ejercicios y diálogos prácticos.

Vocabulario esencial

Miembros de la familia (Family Members)

Inglés	Español
Father	Padre
Mother	Madre
Parents	Padres
Son	Hijo
Daughter	Hija
Brother	Hermano
Sister	Hermana
Grandfather	Abuelo
Grandmother	Abuela
Grandparents	Abuelos
Uncle	Tío
Aunt	Tía
Cousin	Primo/a
Nephew	Sobrino
Niece	Sobrina
Husband	Esposo
Wife	Esposa
Children	Hijos

Inglés	Español
Relatives	Parientes

Relaciones personales (Personal Relationships)

Inglés	Español
Friend	Amigo/a
Best friend	Mejor amigo/a
Boyfriend	Novio
Girlfriend	Novia
Partner	Pareja
Colleague	Colega
Neighbor	Vecino/a
Classmate	Compañero/a de clase
Roommate	Compañero/a de cuarto
Acquaintance	Conocido/a
Stranger	Desconocido/a

Expresiones comunes sobre la familia y relaciones

- *I have two brothers and one sister.* (Tengo dos hermanos y una hermana.)
- *My parents live in Spain.* (Mis padres viven en España.)
- *She is my best friend.* (Ella es mi mejor amiga.)
- *My grandfather is 80 years old.* (Mi abuelo tiene 80 años.)
- *Do you have any siblings?* (¿Tienes hermanos?)
- *He is married to my cousin.* (Él está casado con mi prima.)
- *We are very close friends.* (Somos amigos muy cercanos.)
- *My uncle is a doctor.* (Mi tío es médico.)
- *They have three children.* (Ellos tienen tres hijos.)
- *I get along well with my colleagues.* (Me llevo bien con mis colegas.)

Ejercicios prácticos

Ejercicio 1: Completa las frases con la palabra correcta

1. My _______ is my father's father. (Mi abuelo es el padre de mi padre.)
2. My mother's sister is my _______. (La hermana de mi madre es mi tía.)

3. I have two _______. One is named John and the other is Mark. (Tengo dos hermanos. Uno se llama John y el otro Mark.)
4. My best _______ is always there for me. (Mi mejor amigo siempre está ahí para mí.)
5. My father's brother is my _______. (El hermano de mi padre es mi tío.)

Ejercicio 2: Traduce las siguientes frases al inglés

1. Mi hermana tiene dos hijos.
2. Mi abuela vive en México.
3. Pedro es mi primo.
4. Mis padres están casados desde hace 25 años.
5. Me llevo bien con mi familia.

Ejercicio 3: Responde las siguientes preguntas en inglés

1. How many siblings do you have?
2. Who is the oldest person in your family?
3. Do you have any cousins?
4. What do you like to do with your family?
5. How often do you visit your grandparents?

Respuestas

Ejercicio 1:

1. grandfather
2. aunt
3. brothers
4. friend
5. uncle

Ejercicio 2:

1. My sister has two children.
2. My grandmother lives in Mexico.
3. Pedro is my cousin.
4. My parents have been married for 25 years.
5. I get along well with my family.

Ejercicio 3: (Respuesta variada según el estudiante)

3.5 Las partes del cuerpo

Objetivos de aprendizaje

- Aprender **el vocabulario básico de las partes del cuerpo** en inglés.
- **Describir físicamente a una persona**.
- Practicar **expresiones comunes relacionadas con el cuerpo**.
- Aplicar el vocabulario en situaciones cotidianas, como visitar al médico o describir síntomas.
- Mejorar la pronunciación y comprensión de las palabras clave.

Vocabulario esencial

Partes principales del cuerpo (Main Body Parts)

Inglés	Español
Head	Cabeza
Face	Cara
Eyes	Ojos
Nose	Nariz
Mouth	Boca
Ears	Orejas
Neck	Cuello
Shoulders	Hombros
Arms	Brazos
Hands	Manos
Fingers	Dedos (de la mano)
Chest	Pecho
Back	Espalda
Stomach	Estómago
Legs	Piernas
Knees	Rodillas
Feet	Pies
Toes	Dedos del pie

Órganos y partes internas (Internal Organs and Parts)

Inglés	Español

Inglés	Español
Heart	Corazón
Lungs	Pulmones
Stomach	Estómago
Liver	Hígado
Kidneys	Riñones
Brain	Cerebro
Blood	Sangre
Skin	Piel

Expresiones comunes sobre el cuerpo

- *I have a headache.* (Tengo dolor de cabeza.)
- *My stomach hurts.* (Me duele el estómago.)
- *She has blue eyes and long hair.* (Ella tiene ojos azules y cabello largo.)
- *He is very tall.* (Él es muy alto.)
- *I need to rest my legs.* (Necesito descansar mis piernas.)
- *Can you move your fingers?* (¿Puedes mover los dedos?)
- *My back is sore from working all day.* (Me duele la espalda por trabajar todo el día.)
- *He broke his arm playing soccer.* (Se rompió el brazo jugando fútbol.)

Ejercicios prácticos

Ejercicio 1: Completa las frases con la palabra correcta

1. We see with our __________. (Vemos con nuestros ojos.)
2. He listens with his __________. (Él escucha con sus orejas.)
3. I walk with my __________. (Camino con mis piernas.)
4. She writes with her __________. (Ella escribe con su mano.)
5. The doctor checked my __________. (El médico revisó mi corazón.)

Ejercicio 2: Traduce las siguientes frases al inglés

1. Tengo dolor de cabeza.
2. Mis manos están frías.
3. Él tiene el cabello corto y rubio.
4. Me lastimé la rodilla corriendo.
5. ¿Puedes mover los dedos de los pies?

Ejercicio 3: Responde las siguientes preguntas en inglés

1. What color are your eyes?
2. How many fingers do you have?
3. Do you have long or short hair?
4. What do you do when you have a stomachache?
5. How can you keep your heart healthy?

Respuestas

Ejercicio 1:

1. eyes
2. ears
3. legs
4. hand
5. heart

Ejercicio 2:

1. I have a headache.
2. My hands are cold.
3. He has short blond hair.
4. I hurt my knee while running.
5. Can you move your toes?

Ejercicio 3: (Respuesta variada según el estudiante)

3.6 Los alimentos y bebidas

Objetivos de aprendizaje

- Aprender **el vocabulario básico relacionado con los alimentos y bebidas** en inglés.
- **Describir y pedir comida** en diferentes situaciones.
- Practicar expresiones comunes utilizadas en restaurantes, supermercados y mercados.
- Aplicar el vocabulario en situaciones reales como cocinar, hacer compras y comer fuera.

Vocabulario esencial

Tipos de alimentos (Types of Food)

Inglés	Español
Bread	Pan
Rice	Arroz
Pasta	Pasta
Meat	Carne
Chicken	Pollo
Fish	Pescado
Vegetables	Verduras
Fruits	Frutas
Dairy products	Productos lácteos
Eggs	Huevos
Cheese	Queso
Butter	Mantequilla
Sugar	Azúcar
Salt	Sal
Pepper	Pimienta

Bebidas (Drinks)

Inglés	Español
Water	Agua

Inglés	Español
Juice	Jugo/Zumo
Coffee	Café
Tea	Té
Milk	Leche
Soda	Refresco
Wine	Vino
Beer	Cerveza

Expresiones comunes relacionadas con la comida y bebida

- *I would like a coffee, please.* (Me gustaría un café, por favor.)
- *Can I see the menu, please?* (¿Puedo ver el menú, por favor?)
- *I am allergic to nuts.* (Soy alérgico/a a los frutos secos.)
- *Can you recommend a good restaurant nearby?* (¿Puede recomendarme un buen restaurante cerca de aquí?)
- *How much is this sandwich?* (¿Cuánto cuesta este sándwich?)
- *Do you have vegetarian options?* (¿Tienen opciones vegetarianas?)

Ejercicios prácticos

Ejercicio 1: Completa las frases con la palabra correcta

1. I usually drink _______ in the morning. (Normalmente bebo café por la mañana.)
2. She doesn't eat _______ because she is vegetarian. (Ella no come carne porque es vegetariana.)
3. Could you pass me the _______, please? My soup needs some flavor. (¿Podrías pasarme la sal, por favor? Mi sopa necesita algo de sabor.)
4. We bought fresh _______ at the market. (Compramos verduras frescas en el mercado.)
5. My favorite drink is _______. (Mi bebida favorita es jugo.)

Ejercicio 2: Traduce las siguientes frases al inglés

1. Me gustaría un vaso de agua, por favor.
2. ¿Cuánto cuesta esta hamburguesa?
3. No como carne, soy vegetariano/a.
4. ¿Tienen jugo de naranja?
5. Necesito comprar huevos y leche en el supermercado.

Ejercicio 3: Simula una conversación en un restaurante

- Ordena comida y bebida en un restaurante.
- Pregunta por opciones vegetarianas.
- Pide la cuenta al final de la comida.

Respuestas

Ejercicio 1:

1. coffee/tea/milk
2. meat
3. salt/pepper
4. vegetables/fruits
5. juice/water/wine

Ejercicio 2:

1. I would like a glass of water, please.
2. How much is this hamburger?
3. I don't eat meat, I'm vegetarian.
4. Do you have orange juice?
5. I need to buy eggs and milk at the supermarket.

Ejercicio 3: (Respuestas abiertas: los estudiantes pueden crear sus propios diálogos según el contexto.)

3.7 Los medios de transporte

Objetivos de aprendizaje

- Aprender **el vocabulario básico relacionado con los medios de transporte** en inglés.
- **Preguntar y dar información sobre transporte** en diferentes situaciones.
- Practicar expresiones comunes utilizadas en estaciones, aeropuertos y transporte público.
- Aplicar el vocabulario en situaciones reales, tales como pedir direcciones y comprar boletos.

Vocabulario esencial

Tipos de transporte (Types of Transportation)

Inglés	Español
Car	Coche / Auto
Bus	Autobús
Train	Tren
Subway / Metro	Metro
Bicycle	Bicicleta
Motorcycle	Motocicleta
Airplane	Avión
Boat	Barco
Taxi	Taxi
Truck	Camión

Lugares relacionados con el transporte (Transportation Places)

Inglés	Español
Bus stop	Parada de autobús
Train station	Estación de tren
Airport	Aeropuerto
Subway station	Estación de metro
Taxi stand	Parada de taxis
Gas station	Gasolinera

Inglés	Español
Highway	Autopista

Expresiones comunes relacionadas con el transporte

- *Where is the nearest bus stop?* (¿Dónde está la parada de autobús más cercana?)
- *How much is a ticket to London?* (¿Cuánto cuesta un billete a Londres?)
- *I need to take a taxi to the airport.* (Necesito tomar un taxi al aeropuerto.)
- *What time does the next train leave?* (¿A qué hora sale el próximo tren?)
- *Is this the right way to the subway station?* (¿Este es el camino correcto para la estación de metro?)

Ejercicios prácticos

Ejercicio 1: Completa las frases con la palabra correcta

1. The ________ is faster than the bus. (El tren es más rápido que el autobús.)
2. I ride my _______ to school every day. (Voy a la escuela en bicicleta todos los días.)
3. The train leaves from the _______ station. (El tren sale de la estación de tren.)
4. We took a ________ to the airport. (Tomamos un taxi al aeropuerto.)
5. The gas station is near the ________. (La gasolinera está cerca de la autopista.)

Ejercicio 2: Traduce las siguientes frases al inglés

1. ¿Dónde está la estación de tren?
2. Necesito comprar un boleto de autobús.
3. ¿Cuánto cuesta un billete de metro?
4. Tomamos un taxi hasta el hotel.
5. Voy al trabajo en bicicleta.

Ejercicio 3: Responde las siguientes preguntas en inglés

1. How do you ask for the nearest bus stop?
2. What do you say when you need to take a taxi?
3. How do you ask about ticket prices?
4. How do you tell someone that you travel by subway?
5. What do you ask if you are lost in a train station?

5. What do you ask if you are lost in a train station?

Respuestas

Ejercicio 1:

1. train
2. bicycle
3. train
4. taxi
5. highway

Ejercicio 2:

1. Where is the train station?
2. I need to buy a bus ticket.
3. How much is a subway ticket?
4. We took a taxi to the hotel.
5. I go to work by bicycle.

Ejercicio 3: (Respuestas abiertas: los estudiantes pueden crear sus propias respuestas según el contexto.)

3.8 Los lugares en la ciudad

Objetivos de aprendizaje

- Aprender **el vocabulario básico relacionado con los lugares en la ciudad** en inglés.
- Preguntar y dar información sobre **ubicaciones en la ciudad**.
- Practicar expresiones comunes utilizadas en tiendas, oficinas y espacios públicos.
- Aplicar el vocabulario en situaciones reales, tales como pedir direcciones y describir ubicaciones.

Vocabulario esencial

Lugares comunes en la ciudad (Common Places in the City)

Inglés	Español
Bank	Banco
Hospital	Hospital
Hotel	Hotel
Supermarket	Supermercado
Bus stop	Parada de autobús
Train station	Estación de tren
Airport	Aeropuerto
Police station	Comisaría de policía
Post office	Oficina de correos
Shopping mall	Centro comercial
Park	Parque
Restaurant	Restaurante
Museum	Museo
School	Escuela
University	Universidad
Library	Biblioteca
Pharmacy	Farmacia
Gas station	Gasolinera
Movie theater	Cine
Church	Iglesia

Expresiones comunes para hablar de lugares en la ciudad

- *Excuse me, where is the nearest bank?* (Disculpe, ¿dónde está el banco más cercano?)
- *Is there a pharmacy near here?* (¿Hay una farmacia cerca de aquí?)
- *How do I get to the train station?* (¿Cómo llego a la estación de tren?)
- *The supermarket is next to the post office.* (El supermercado está al lado de la oficina de correos.)
- *The school is in front of the park.* (La escuela está enfrente del parque.)
- *Go straight and turn right at the traffic light.* (Ve recto y gira a la derecha en el semáforo.)

Ejercicios prácticos

Ejercicio 1: Completa las frases con la palabra correcta

1. The _______ is a place where you can borrow books. (La biblioteca es un lugar donde puedes pedir prestados libros.)
2. We went to the _______ to watch a movie. (Fuimos al cine para ver una película.)
3. The _______ is across from the gas station. (La farmacia está enfrente de la gasolinera.)
4. I need to go to the _______ to send a letter. (Necesito ir a la oficina de correos para enviar una carta.)
5. There is a beautiful _______ in the center of the city. (Hay un hermoso parque en el centro de la ciudad.)

Ejercicio 2: Traduce las siguientes frases al inglés

1. La farmacia está al lado del hospital.
2. ¿Dónde está la oficina de correos?
3. La universidad está cerca del centro comercial.
4. Vamos al parque todos los fines de semana.
5. El aeropuerto está lejos del centro de la ciudad.

Ejercicio 3: Responde las siguientes preguntas en inglés

1. How do you ask for directions to the nearest bank?
2. What do you say if you are looking for a library?
3. How do you tell someone where the movie theater is?
4. How do you describe the location of a restaurant?
5. What phrase would you use to ask where the train station is?

Respuestas

Ejercicio 1:

1. library
2. movie theater
3. school
4. post office
5. park

Ejercicio 2:

1. The pharmacy is next to the hospital.
2. Where is the post office?
3. The university is near the shopping mall.
4. We go to the park every weekend.
5. The airport is far from the city center.

Ejercicio 3: (Respuestas abiertas: los estudiantes pueden crear sus propias respuestas según el contexto.)

3.9 Ejercicios de vocabulario

Objetivos de aprendizaje

- Reforzar el aprendizaje de vocabulario esencial a través de ejercicios prácticos.
- Mejorar la comprensión y el uso adecuado de palabras clave en diferentes contextos.
- Aplicar los conocimientos adquiridos en ejercicios de completar frases, traducción y conversación.
- Desarrollar habilidades de comunicación utilizando el vocabulario aprendido en situaciones cotidianas.

Ejercicios prácticos

Ejercicio 1: Completa las frases con la palabra correcta

1. El _______ es un medio de transporte rápido que vuela en el cielo. (avion / tren / bicicleta)
2. Uso un _______ para escribir en mi cuaderno. (libro / bolígrafo / silla)
3. La _______ está en la esquina y vende medicina. (supermercado / farmacia / banco)
4. En la escuela, los niños aprenden a leer y escribir en la _______. (casa / universidad / escuela)
5. Necesito una _______ para comprar comida en el supermercado. (bolsa / silla / mesa)

Ejercicio 2: Relaciona las palabras con su significado

1. Tren
2. Biblioteca
3. Restaurante
4. Gasolinera
5. Hospital

A) Lugar donde se venden y sirven comidas.

B) Lugar donde se atienden enfermos.

C) Medio de transporte que circula sobre rieles.

D) Lugar donde se almacena y vende combustible para vehículos.

E) Lugar donde se pueden tomar prestados libros.

Ejercicio 3: Traduce las siguientes frases al inglés

1. Voy al supermercado a comprar frutas y verduras.
2. La escuela está cerca del parque.

3. Necesito tomar un taxi para ir al aeropuerto.
4. El autobús llega a la estación en 10 minutos.
5. En el restaurante pedí una hamburguesa con papas fritas.

Ejercicio 4: Responde las siguientes preguntas en inglés

1. Where do you go when you need to buy medicine?
2. What is the best way to travel a long distance?
3. Where do students go to study and read books?
4. What do you do at a restaurant?
5. Where can you find police officers working?

Ejercicio 5: Completa el diálogo con las palabras correctas

- A: Disculpe, ¿podría decirme dónde está la _______? (biblioteca / gasolinera / playa)
- B: Claro, está ________ del parque, al lado de la escuela. (cerca / lejos / dentro)
- A: Gracias. ¿Cómo puedo llegar allí?
- B: Debe ir _______ por esta calle y girar a la izquierda en la esquina. (recto / rápido / despacio)
- A: Muchas gracias por su ayuda.
- B: De nada, que tenga un buen día.

Respuestas

Ejercicio 1:

1. avión
2. bolígrafo
3. farmacia
4. escuela
5. bolsa

Ejercicio 2:

1 - C
2 - E
3 - A
4 - D
5 - B

Ejercicio 3:

1. I go to the supermarket to buy fruits and vegetables.
2. The school is near the park.
3. I need to take a taxi to go to the airport.

4. The bus arrives at the station in 10 minutes.
5. At the restaurant, I ordered a hamburger with French fries.

Ejercicio 4: (Respuestas abiertas: los estudiantes pueden responder según su criterio.)

Ejercicio 5:

1. biblioteca
2. cerca
3. recto

Estos ejercicios ayudan a reforzar el vocabulario aprendido y a mejorar la comprensión del idioma en situaciones cotidianas.

Capítulo 4: Situaciones de la vida diaria

4.1 Presentaciones y conversaciones básicas

Objetivos de aprendizaje

- Aprender a **presentarse en inglés de manera formal e informal.**
- Entender **preguntas y respuestas comunes en una presentación.**
- Practicar la pronunciación y la fluidez en **conversaciones introductorias.**
- Aprender a proporcionar **información adicional sobre pasatiempos, familia y gustos personales**.

Presentaciones personales

Frases comunes para presentarse

Inglés	Español	Pronunciación (IPA)
My name is…	Mi nombre es…	[maɪ neɪm ɪz]
I am…	Yo soy…	[aɪ æm]
Nice to meet you!	¡Mucho gusto!	[naɪs tu miːt ju]
Pleased to meet you!	¡Encantado/a de conocerte!	[pliːzd tu miːt ju]
What's your name?	¿Cuál es tu nombre?	[wʌts jʊər neɪm]
Where are you from?	¿De dónde eres?	[wɛər ɑr ju frʌm]
I'm from…	Soy de…	[aɪm frʌm]
How old are you?	¿Cuántos años tienes?	[haʊ oʊld ɑr ju]
I am … years old.	Tengo … años.	[aɪ æm … jɪərz oʊld]
What do you do?	¿A qué te dedicas?	[wʌt duː ju duː]
I am a student.	Soy estudiante.	[aɪ æm ə ˈstuːdənt]
I work as…	Trabajo como…	[aɪ wɜːrk æz]
I live in…	Vivo en…	[aɪ lɪv ɪn]
What languages do you speak?	¿Qué idiomas hablas?	[wʌt ˈlæŋgwɪʒəz duː juː spiːk]
I speak Spanish and English.	Hablo español e inglés.	[aɪ spiːk ˈspænɪʃ ænd ˈɪŋglɪʃ]

Inglés	Español	Pronunciación (IPA)
What are your hobbies?	¿Cuáles son tus pasatiempos?	[wʌt ɑr jʊər ˈhɒbiz]
My hobby is...	Mi pasatiempo es...	[maɪ ˈhɒbi ɪz]
I like to...	Me gusta...	[aɪ laɪk tu]
I enjoy...	Disfruto...	[aɪ ɪnˈdʒɔɪ]

Ejemplo de conversación de presentación

A: Hello! My name is John. What's your name?
B: Hi! I'm Maria. Nice to meet you!
A: Nice to meet you too! Where are you from?
B: I'm from Mexico. And you?
A: I'm from the United States. What do you do?
B: I'm a student. And you?
A: I'm a teacher.
B: That's great! What languages do you speak?
A: I speak English and a little bit of Spanish.
B: What do you like to do in your free time?
A: I like reading and playing football. How about you?
B: I enjoy watching movies and listening to music.

Ejercicios

Ejercicio 1: Práctica de pronunciación

Objetivo: Mejorar la pronunciación de las frases de presentación.

Pasos:

1. Lee cada frase en voz alta tres veces.
2. Graba tu voz y compárala con la pronunciación de hablantes nativos.
3. Practica frente a un espejo para mejorar la fluidez.

Ejercicio 2: Rellenar los espacios en blanco

Completa las siguientes frases con la palabra correcta:

1. **My name is __________.** (your name)
2. **I am __________ years old.** (your age)
3. **I am from __________.** (your country)

4. **Nice to __________ you!** (meet / see / know)
5. **I work as a __________.** (teacher / student / doctor)
6. **I speak __________ and English.** (Spanish / French / German)
7. **My hobby is __________.** (reading / dancing / cooking)
8. **I like to _________ in my free time.** (watch movies / play soccer / paint)

Ejercicio 3: Conversación guiada

Objetivo: Practicar una conversación de presentación en inglés.

Pasos:

1. En pareja o individualmente, actúan una conversación usando frases de presentación.
2. Usa diferentes respuestas y preguntas para variar la conversación.
3. Graba la conversación y analiza tu pronunciación.

Ejemplo:

A: Hello! My name is Anna. What's your name?
B: Hi! I'm Carlos. Nice to meet you!
A: Nice to meet you too! Where are you from?
B: I'm from Argentina. And you?
A: I'm from Canada.
B: What do you do?
A: I work as a journalist. And you?
B: I'm a student and I work part-time in a restaurant.
A: That's great! What do you like to do in your free time?
B: I love playing guitar and going for walks.

Respuestas:

Ejercicio 2: (Excepto la pregunta 4, puedes elegir libremente las demás según tu situación personal.)

1. My name is **John**. (respuesta abierta)
2. I am **25** years old. (respuesta abierta)
3. I am from **Spain**. (respuesta abierta)
4. Nice to **meet** you!
5. I work as a **teacher**. (respuesta abierta)
6. I speak **Spanish** and English. (respuesta abierta)
7. My hobby is **reading**. (respuesta abierta)
8. I like to **watch movies** in my free time. (respuesta abierta)

4.2 Ir de compras

Objetivos de aprendizaje

- Aprender **vocabulario y expresiones comunes para ir de compras**.
- Practicar **diálogos en tiendas y supermercados**.
- Saber cómo **preguntar precios, descuentos y formas de pago**.
- Mejorar la fluidez en situaciones de compra en inglés.

Vocabulario

Tipos de tiendas

Inglés	Español
Supermarket	Supermercado
Grocery store	Tienda de comestibles
Clothing store	Tienda de ropa
Shoe store	Zapatería
Department store	Tienda por departamentos
Pharmacy	Farmacia
Mall	Centro comercial
Electronics store	Tienda de electrónica(s)
Toy store	Juguetería
Bookstore	Librería

Productos comunes

Inglés	Español
Bread	Pan
Milk	Leche
Eggs	Huevos
Cheese	Queso
Meat	Carne
Fish	Pescado
Fruits	Frutas

Inglés	Español
Vegetables	Verduras
Rice	Arroz
Pasta	Pasta
Shirt	Camisa
Pants	Pantalones
Shoes	Zapatos
Jacket	Chaqueta
Watch	Reloj
Phone	Teléfono
Laptop	Computadora portátil

Frases clave en la tienda

- *How much is this?* (¿Cuánto cuesta esto?)
- *Do you have this in another color/size?* (¿Tienen esto en otro color/tamaño?)
- *Can I try it on?* (¿Puedo probármelo?)
- *Is there a discount?* (¿Hay algún descuento?)
- *I'd like to buy this.* (Me gustaría comprar esto.)
- *Do you accept credit cards?* (¿Aceptan tarjetas de crédito?)
- *Can I get a receipt, please?* (¿Me puede dar un recibo, por favor?)
- *Where is the checkout?* (¿Dónde está la caja para pagar?)
- *Can I return this item?* (¿Puedo devolver este producto?)
- *What is your return policy?* (¿Cuál es su política de devoluciones?)

Diálogos de compra en diferentes situaciones

1. En una tienda de ropa

Cliente: Hello! I'm looking for a jacket. (¡Hola! Estoy buscando una chaqueta.)

Vendedor: Sure! What size do you need? (¡Por supuesto! ¿Qué talla necesita?)

Cliente: Medium, please. (Mediana, por favor.)

Vendedor: Here you go. You can try it on in the fitting room. (Aquí tiene. Puede probársela en el probador.)

Cliente: It fits well. How much is it? (Me queda bien. ¿Cuánto cuesta?)
Vendedor: It's $50, but we have a 10% discount today. (Cuesta $50, pero hoy tenemos un 10% de descuento.)
Cliente: That's great! I'll take it. (¡Genial! Me la llevo.)
Vendedor: Would you like to pay in cash or by card? (¿Le gustaría pagar en efectivo o con tarjeta?)
Cliente: By card, please. (Con tarjeta, por favor.)
Vendedor: Here's your receipt. Have a nice day! (Aquí tiene su recibo. ¡Que tenga un buen día!)
Cliente: Thank you! (¡Gracias!)

---

2. En un supermercado
Cliente: Excuse me, where can I find the milk? (Disculpe, ¿dónde puedo encontrar la leche?)
Empleado: The milk is in aisle 3. (La leche está en el pasillo 3.)
Cliente: Thank you! Also, do you have fresh bread? (¡Gracias! Además, ¿tienen pan fresco?)
Empleado: Yes, it's in the bakery section at the back. (Sí, está en la sección de panadería, al fondo.)
Cliente: Great! I also need some vegetables. Where are they? (¡Genial! También necesito algunas verduras. ¿Dónde están?)
Empleado: The vegetables are near the entrance, in the produce section. (Las verduras están cerca de la entrada, en la sección de productos frescos.)
Cliente: Perfect! That's all. Where is the checkout? (¡Perfecto! Eso es todo. ¿Dónde está la caja para pagar?)
Empleado: The checkout is at the front of the store. (La caja está en la parte delantera de la tienda.)
Cliente: Thank you very much! (¡Muchas gracias!)
Empleado: You're welcome! Have a nice day! (¡De nada! ¡Que tenga un buen día!)

Ejercicios prácticos

Ejercicio 1: Completa el diálogo con las palabras adecuadas

1. **Cliente:** Hello! I'm looking for a ____________.
2. **Vendedor:** Sure! What ___________ do you need?
3. **Cliente:** Medium, please.
4. **Vendedor:** Here you go. You can try it on in the _________.
5. **Cliente:** It fits well. How much is it?
6. **Vendedor:** It's $50, but we have a _________% discount today.
7. **Cliente:** That's great! I'll take it.
8. **Vendedor:** Would you like to pay in _________ or by card?
9. **Cliente:** By card, please.
10. **Vendedor:** Here's your _________. Have a nice day!

Ejercicio 2: Traduce las siguientes frases al inglés

1. ¿Cuánto cuesta esta camisa?
2. ¿Puedo pagar con tarjeta de crédito?
3. Me gustaría comprar este par de zapatos.
4. ¿Tienen este vestido en otro color?
5. ¿Dónde está la caja para pagar?
6. ¿Puedo devolver este producto si no me queda bien?

Ejercicio 3: Responde las preguntas según el diálogo

1. ¿Qué estaba buscando el cliente?
2. ¿Qué talla necesitaba?
3. ¿Cuánto costaba la chaqueta antes del descuento?
4. ¿Cómo pagó el cliente?
5. ¿Qué le dio el vendedor al cliente al final?
6. ¿Dónde se encuentran las verduras en el supermercado?

Respuestas

Ejercicio 1:

1. jacket
2. size
3. /
4. fitting room
5. /
6. 10
7. /
8. cash

9. /
10. receipt

Ejercicio 2:

1. How much is this shirt?
2. Can I pay with a credit card?
3. I'd like to buy this pair of shoes.
4. Do you have this dress in another color?
5. Where is the checkout?
6. Can I return this product if it doesn't fit?

Ejercicio 3:

1. Una chaqueta.
2. Talla mediana.
3. $50.
4. Con tarjeta de crédito.
5. Un recibo.
6. Cerca de la entrada, en la sección de productos frescos.

4.3 En el restaurante

Objetivos de aprendizaje

- Aprender **vocabulario y expresiones comunes para ordenar comida en un restaurante**.
- Comprender cómo **hacer una reserva, pedir comida y pagar la cuenta**.
- Practicar diálogos en diferentes tipos de restaurantes.
- Familiarizarse con preguntas comunes sobre **preferencias alimentarias y restricciones dietéticas**.

Vocabulario

Tipos de restaurantes

Inglés	Español
Fast food restaurant	Restaurante de comida rápida
Fine dining restaurant	Restaurante de lujo
Buffet restaurant	Restaurante buffet
Café	Cafetería
Bar	Bar
Steakhouse	Restaurante de carnes
Seafood restaurant	Restaurante de mariscos
Vegetarian restaurant	Restaurante vegetariano
Food truck	Camión de comida

Platos y bebidas comunes

Inglés	Español
Appetizer	Aperitivo
Main course	Plato principal
Dessert	Postre
Salad	Ensalada
Soup	Sopa
Bread	Pan
Fish	Pescado

Inglés	Español
Chicken	Pollo
Beef	Carne de res
Pasta	Pasta
Rice	Arroz
Coffee	Café
Tea	Té
Beer	Cerveza
Wine	Vino
Juice	Jugo
Water	Agua

Frases clave en el restaurante

- *I'd like to make a reservation for two at 7 p.m.* (Me gustaría hacer una reservación para dos a las 7 p. m.)
- *Do you have a table available?* (¿Tienen una mesa disponible?)
- *Could I see the menu, please?* (¿Podría ver el menú, por favor?)
- *What do you recommend?* (¿Qué me recomienda?)
- *I would like the steak, please.* (Me gustaría el bistec, por favor.)
- *Could I have the bill, please?* (¿Me podría traer la cuenta, por favor?)
- *Do you accept credit cards?* (¿Aceptan tarjetas de crédito?)
- *I have a food allergy.* (Tengo una alergia alimentaria.)
- *I am vegetarian.* (Soy vegetariano/a.)
- *Can I have this dish without onions?* (¿Puedo pedir este plato sin cebolla?)

Diálogos en un restaurante

1. Reservando una mesa

Cliente: Hello, I'd like to make a reservation for two people at 8 p.m. (Hola, me gustaría hacer una reservación para dos personas a las 8 de la noche)

Recepcionista: Certainly! Do you prefer indoor or outdoor seating? (¡Por supuesto! ¿Le gustaría adentro o en la terraza?)

Cliente: Indoor, please. (Adentro, por favor.)

Recepcionista: Great! Your table is reserved. See you at 8 p.m. (¡Genial! Su mesa está reservada. Nos vemos a las 8.)
Cliente: Thank you! (¡Gracias!)

---

2. Ordenando comida

Camarero: Good evening! Here is the menu. Would you like something to drink? (¡Buenas noches! Aquí está el menú. ¿Le gustaría algo de beber?)
Cliente: Yes, I'd like a glass of red wine, please. (Sí, me gustaría una copa de vino tinto, por favor.)
Camarero: Excellent choice! Are you ready to order? (¡Excelente elección! ¿Está listo para pedir?)
Cliente: Yes, I'll have the grilled salmon with vegetables. (Sí, tomaré el salmón a la parrilla con verduras.)
Camarero: Would you like a side of rice or potatoes? (¿Le gustaría acompañarlo con arroz o papas?)
Cliente: Potatoes, please. (Papas, por favor.)
Camarero: Perfect! Anything else? (¡Perfecto! ¿Algo más?)
Cliente: No, that's all for now. Thank you! (No, eso es todo por ahora. ¡Gracias!)

---

3. Pidiendo la cuenta

Cliente: Excuse me, could I have the bill, please? (Disculpe, ¿podría traerme la cuenta, por favor?)
Camarero: Of course. Would you like to pay by cash or card? (Por supuesto. ¿Le gustaría pagar en efectivo o con tarjeta?)
Cliente: By card, please. (Con tarjeta, por favor.)
Camarero: Here's your receipt. Thank you for dining with us! (Aquí tiene su recibo. ¡Gracias por visitarnos!)
Cliente: Thank you! The food was delicious! (¡Gracias! ¡La comida estuvo deliciosa!)

Ejercicios prácticos

Ejercicio 1: Completa el diálogo con las palabras adecuadas

1. **Cliente:** Hello! I'd like to make a _________ for two people.
2. **Recepcionista:** Sure! What time?
3. **Cliente:** At _________ p.m., please.
4. **Recepcionista:** Would you like an indoor or _________ table?
5. **Cliente:** Indoor, please.
6. **Camarero:** Here is the _________, would you like something to drink?
7. **Cliente:** Yes, I'd like a glass of _________.
8. **Camarero:** What would you like to _________?
9. **Cliente:** I'll have the _________ with vegetables.
10. **Cliente:** Excuse me, could I have the _________, please?

Ejercicio 2: Traduce las siguientes frases al inglés

1. Me gustaría hacer una reserva para tres personas a las 7 p. m.
2. ¿Podría ver el menú, por favor?
3. Me gustaría pedir una ensalada y una sopa.
4. ¿Tienen opciones vegetarianas en el menú?
5. La cuenta, por favor.

Ejercicio 3: Responde las preguntas según el diálogo

1. ¿A qué hora hizo la reservación el cliente?
2. ¿Qué ordenó para beber?
3. ¿Qué plato principal pidió?
4. ¿Cómo pagó la cuenta?
5. ¿Qué dijo el cliente sobre la comida?

Respuestas

Ejercicio 1:

1. reservation
2. 8
3. outdoor
4. menu
5. wine
6. order
7. salmon
8. bill

Ejercicio 2:

1. I'd like to make a reservation for three people at 7 p.m.

2. Could I see the menu, please?
3. I'd like to order a salad and a soup.
4. Do you have vegetarian options on the menu?
5. The bill, please.

Ejercicio 3:

1. A las 8 p. m.
2. Una copa de vino tinto.
3. Salmón a la parrilla con verduras.
4. Con tarjeta.
5. Que la comida estuvo deliciosa.

4.4 Reservar un hotel

Objetivos de aprendizaje

- Aprender **vocabulario y expresiones para realizar reservas en un hotel.**
- Practicar conversaciones para **hacer registro de entrada y de salida.**
- Saber cómo **solicitar servicios y resolver problemas en la recepción.**
- Familiarizarse con preguntas comunes sobre **tarifas, disponibilidad y comodidades.**

Vocabulario

Tipos de alojamiento

Inglés	Español
Hotel	Hotel
Hostel	Hostal / Albergue
Motel	Motel
Bed and breakfast (B&B)	Alojamiento y desayuno / Cama y desayuno
Resort	Resort / Complejo turístico
Guesthouse	Casa de huéspedes / Pensión
Apartment rental	Alquiler de apartamento

Servicios y comodidades

Inglés	Español
Room	Habitación
Single room	Habitación individual
Double room	Habitación doble
Suite	Suite
Reception	Recepción
Check-in	Registro de entrada
Check-out	Registro de salida
Room service	Servicio a la habitación

Inglés	Español
Free Wi-Fi	Wi-Fi gratis
Breakfast included	Desayuno incluido
Swimming pool	Piscina
Gym	Gimnasio
Air conditioning	Aire acondicionado
Parking	Estacionamiento / Aparcamiento
Safe	Caja fuerte

Frases clave en un hotel

- *I'd like to book a room for two nights.* (Me gustaría hacer una reservación para una habitación por dos noches.)
- *Do you have any rooms available?* (¿Tienen habitaciones disponibles?)
- *How much is a single/double room per night?* (¿Cuánto cuesta una habitación individual/doble por noche?)
- *I have a reservation under the name of...* (Tengo una reservación a nombre de...)
- *What time is check-in/check-out?* (¿A qué hora es el registro de entrada/salida?)
- *Does the room have Wi-Fi and air conditioning?* (¿La habitación tiene Wi-Fi y aire acondicionado?)
- *Could I get an extra towel, please?* (¿Podría darme una toalla extra, por favor?)
- *There is a problem with my room.* (Hay un problema con mi habitación.)
- *I'd like to check out now.* (Me gustaría hacer el registro de salida ahora.)

Diálogos en un hotel

1. Haciendo una reservación por teléfono

Recepcionista: Good morning! Grand Hotel, how may I help you? (¡Buenos días! Grand Hotel, ¿cómo puedo ayudarle?)

Cliente: Hello, I'd like to book a room for three nights.
(Hola, me gustaría hacer una reservación para una habitación por tres noches.)

Recepcionista: Of course! What type of room would you like?
(¡Por supuesto! ¿Qué tipo de habitación le gustaría?)

Cliente: A double room, please. How much is it per night?
(Una habitación doble, por favor. ¿Cuánto cuesta por noche?)
Recepcionista: It's $120 per night, including breakfast.
(Son $120 por noche, con desayuno incluido.)
Cliente: Sounds good. Can I book it under the name of John Smith?
(Me parece bien. ¿Puedo reservarla a nombre de John Smith?)
Recepcionista: Sure! Your reservation is confirmed. See you soon!
(¡Por supuesto! Su reservación está confirmada. ¡Nos vemos pronto!)
Cliente: Thank you! (¡Gracias!)

---

2. Registrándose en el hotel
Recepcionista: Welcome to the Grand Hotel! Do you have a reservation? (¡Bienvenido al Grand Hotel! ¿Tiene una reservación?)
Cliente: Yes, under the name of John Smith. (Sí, a nombre de John Smith.)
Recepcionista: Let me check... Yes, here it is. You booked a double room for three nights. (Déjeme revisar... Sí, aquí está. Reservó una habitación doble por tres noches.)
Cliente: That's correct. What time is breakfast served? (Es correcto. ¿A qué hora sirven el desayuno?)
Recepcionista: Breakfast is served from 7 to 10 a.m. (El desayuno se sirve de 7 a 10 a. m.)
Cliente: Perfect! Here is my passport and credit card. (¡Perfecto! Aquí tiene mi pasaporte y tarjeta de crédito.)
Recepcionista: Thank you! Here is your room key. Enjoy your stay! (¡Gracias! Aquí tiene la llave de su habitación. ¡Disfrute su estancia!)
Cliente: Thank you! (¡Gracias!)

---

3. Pidiendo ayuda en la recepción
Cliente: Excuse me, I have a problem with my room. (Disculpe, tengo un problema con mi habitación.)
Recepcionista: I'm sorry to hear that. What's the problem? (Lamento escuchar eso. ¿Cuál es el problema?)

Cliente: The air conditioning isn't working. (El aire acondicionado no funciona.)

Recepcionista: I apologize for the inconvenience. I will send a technician right away. (Me disculpo por la molestia. Enviaré un técnico de inmediato.)

Cliente: Thank you! (¡Gracias!)

Ejercicios prácticos

Ejercicio 1: Completa el diálogo con las palabras adecuadas

1. **Recepcionista:** Good morning! How may I _________ you?
2. **Cliente:** I'd like to _________ a room for two nights.
3. **Recepcionista:** What _________ of room would you like?
4. **Cliente:** A single room, please. How much is it per _________?
5. **Recepcionista:** It's $90 per night, including _________.
6. **Cliente:** Great! Can I book it under the _________ of Maria González?
7. **Recepcionista:** Sure! Your _________ is confirmed.
8. **Cliente:** What time is _________ served?
9. **Recepcionista:** From 7 to 10 a.m.
10. **Cliente:** Thank you! See you _________!

Ejercicio 2: Traduce las siguientes frases al inglés

1. Me gustaría reservar una habitación por tres noches.
2. ¿Cuánto cuesta una habitación doble por noche?
3. ¿El desayuno está incluido en el precio?
4. Tengo una reservación a nombre de Laura Pérez.
5. ¿A qué hora es el registro de salida?

Ejercicio 3: Responde las preguntas según el diálogo

1. ¿Cuántas noches reservó el cliente?
2. ¿Cuánto cuesta la habitación por noche?
3. ¿Qué problema tenía el cliente con su habitación?
4. ¿Cómo solucionó el recepcionista el problema?
5. ¿Qué documentos entregó el cliente durante el registro de entrada?

Respuestas

Ejercicio 1:

1. help

2. book
3. type
4. night
5. breakfast
6. name
7. reservation
8. breakfast
9. soon

Ejercicio 2:

1. I'd like to book a room for three nights.
2. How much is a double room per night?
3. Is breakfast included in the price?
4. I have a reservation under the name of Laura Pérez.
5. What time is check-out?

Ejercicio 3:

1. Tres noches.
2. $120 por noche.
3. El aire acondicionado no funcionaba.
4. Enviaron un técnico.
5. Su pasaporte y tarjeta de crédito.

4.5 Emergencias y pedir ayuda

Objetivos de aprendizaje

- Aprender **vocabulario y expresiones clave en situaciones de emergencia.**
- Practicar cómo **pedir ayuda en inglés** en diferentes circunstancias.
- Saber cómo **describir síntomas y emergencias médicas.**
- Familiarizarse con **los números de emergencia y las frases clave en situaciones críticas**.
- Mejorar la capacidad de reacción en situaciones inesperadas.

Vocabulario

Tipos de emergencias

Inglés	Español
Emergency	Emergencia
Fire	Incendio
Accident	Accidente
Medical emergency	Emergencia médica
Robbery	Robo
Lost person	Persona desaparecida / perdida
Injury	Lesión / Herida
Police	Policía
Ambulance	Ambulancia
Hospital	Hospital
Earthquake	Terremoto
Flood	Inundación
Heart attack	Ataque al corazón / Infarto
Choking	Atragantamiento

Síntomas y problemas médicos

Inglés	Español
Pain	Dolor

Inglés	Español
Fever	Fiebre
Headache	Dolor de cabeza
Stomachache	Dolor de estómago
Shortness of breath	Falta de aire
Dizziness	Mareo
Allergy	Alergia
Bleeding	Sangrado
Unconscious	Inconsciente
Broken bone	Hueso roto
Vomiting	Vómito
Cough	Tos
Burns	Quemaduras
High blood pressure	Presión arterial alta

Frases clave en emergencias

- *Help! I need assistance!* (¡Ayuda! ¡Necesito asistencia!)
- *Call the police!* (¡Llama a la policía!)
- *I need an ambulance!* (¡Necesito una ambulancia!)
- *There has been an accident.* (Ha habido un accidente.)
- *I feel sick.* (Me siento enfermo.)
- *I am allergic to...* (Soy alérgico/a a...)
- *My friend is unconscious.* (Mi amigo está inconsciente.)
- *Where is the nearest hospital?* (¿Dónde está el hospital más cercano?)
- *I lost my passport/wallet.* (Perdí mi pasaporte/cartera.)
- *I need to report a crime.* (Necesito denunciar un delito.)
- *I am choking, help me!* (¡Me estoy atragantando, ayúdame!)
- *He is having a heart attack!* (¡Está teniendo un ataque al corazón!)
- *There is a fire in the building!* (¡Hay un incendio en el edificio!)

Ejercicios prácticos

Ejercicio 1: Completa las oraciones con las palabras adecuadas

1. *Help! I need _______!* (¡Ayuda! Necesito asistencia!)

2. *There has been a _______ on the main street.* (Ha habido un accidente en la calle principal.)
3. *I need an _______ immediately.* (Necesito una ambulancia de inmediato.)
4. *My friend is feeling very _______ and cannot breathe.* (Mi amigo se siente muy mareado y no puede respirar.)
5. *Please take me to the nearest _______.* (Por favor, llévame al hospital más cercano.)
6. *He is having a _______! Call an ambulance!* (¡Está teniendo un infarto! ¡Llama a una ambulancia!)
7. *I am _______ to peanuts, I need help!* (Soy alérgico a los cacahuetes, ¡necesito ayuda!)
8. *There is a _______ in the building, evacuate now!* (¡Hay un incendio en el edificio, evacúen ahora mismo!)

Ejercicio 2: Traduce las siguientes frases al inglés

1. ¡Llama a una ambulancia!
2. Tengo fiebre y dolor de cabeza.
3. Perdí mi pasaporte en el aeropuerto.
4. Necesito ver a un médico de inmediato.
5. Mi amigo se desmayó en la calle.
6. Hay un incendio en mi casa, necesito ayuda.
7. Estoy mareado y me duele el estómago.
8. Él está sufriendo un ataque al corazón, llama al 911.

Ejercicio 3: Responde las preguntas en inglés

1. ¿Qué dirías en inglés si necesitas reportar un robo?
2. ¿Cómo pedirías ayuda si alguien está inconsciente?
3. ¿Qué palabra en inglés usarías para "hueso roto"?
4. ¿Cómo preguntarías dónde está el hospital más cercano?
5. ¿Qué frase usarías si te sientes mareado?
6. ¿Cómo informarías a alguien sobre una alergia grave?
7. ¿Qué dirías si estás en un incendio y necesitas salir rápido?
8. ¿Qué expresión usarías si ves a alguien atragantándose?

Respuestas

Ejercicio 1:

1. assistance

2. accident
3. ambulance
4. dizzy
5. hospital
6. heart attack
7. allergic
8. fire

Ejercicio 2:

1. Call an ambulance!
2. I have a fever and a headache.
3. I lost my passport at the airport.
4. I need to see a doctor immediately.
5. My friend fainted on the street.
6. There is a fire in my house, I need help.
7. I feel dizzy and my stomach hurts.
8. He is having a heart attack, call 911.

Ejercicio 3:

1. *I need to report a robbery!*
2. *Help! My friend is unconscious!*
3. *Broken bone.*
4. *Where is the nearest hospital?*
5. *I feel dizzy.*
6. *I am allergic to peanuts, I need medical attention!*
7. *Fire! We need to evacuate!*
8. *He is choking, help him!*

4.6 Hablar por teléfono

Objetivos de aprendizaje

- Aprender **vocabulario y expresiones comunes para hablar por teléfono en inglés.**
- **Manejar protocolos básicos para iniciar y terminar llamadas telefónicas** con cortesía.
- Saber cómo **dejar mensajes y pedir que te comuniquen con alguien**.
- Familiarizarse con frases útiles para llamadas en contextos laborales y personales.
- Mejorar la comprensión auditiva en llamadas telefónicas.
- Practicar la comunicación efectiva en diferentes situaciones telefónicas.

Vocabulario

Elementos básicos de una llamada

Inglés	Español
Call	Llamada
Phone number	Número de teléfono
Mobile phone / Cell phone	Teléfono móvil / Celular
Landline	Teléfono fijo
Voicemail	Buzón de voz
Dial	Marcar
Busy signal	Señal de ocupado
Hold	Esperar en la línea
Hang up	Colgar
Answer	Contestar
Reception	Recepción
Missed call	Llamada perdida
Speakerphone	Altavoz
Mute	Silenciar
Call back	Devolver la llamada

Frases clave para una llamada

- *Hello, this is [nombre], may I speak to [nombre]?* (Hola, soy [nombre], ¿puedo hablar con [nombre]?)
- *Who's calling, please?* (¿Quién llama, por favor?)
- *I'm calling to...* (Llamo para...)
- *Can I leave a message?* (¿Puedo dejar un mensaje?)
- *Please hold.* (Por favor, manténgase en la línea.)
- *I'll call you back later.* (Te llamaré más tarde.)
- *I can't hear you well, could you repeat that?* (No te escucho bien, ¿puedes repetirlo?)
- *Sorry, wrong number.* (Lo siento, número equivocado.)
- *The line is busy.* (La línea está ocupada.)
- *I'll put you through.* (Te comunicaré con él/ella.)
- *Thank you for calling.* (Gracias por llamar.)
- *I have a bad connection.* (Tengo mala señal.)
- *Can you hear me now?* (¿Me escuchas ahora?)
- *Let me check if he/she is available.* (Déjame verificar si está disponible.)
- *Would you like to leave a voicemail?* (¿Le gustaría dejar un mensaje de voz?)

Diálogos en diferentes situaciones telefónicas

1. Llamada formal a una empresa

Recepcionista: Good morning, ABC Company. How may I help you? (Buenos días, ABC Company. ¿Cómo puedo ayudarle?)

Cliente: Hello, this is John Smith. I'd like to speak to Mr. Rodríguez, please. (Hola, soy John Smith. Me gustaría hablar con el Sr. Rodríguez, por favor.)

Recepcionista: One moment, please. I'll put you through. (Un momento, por favor. Le comunicaré con él.)

Cliente: Thank you. (Gracias.)

---

2. Dejando un mensaje

Recepcionista: Hello, XYZ Company. (Hola, XYZ Company.)

Cliente: Hi, this is Maria. May I speak to Mr. Johnson? (Hola, soy Maria. ¿Puedo hablar con el Sr. Johnson?)

Recepcionista: I'm sorry, he's not available right now. Would you like to leave a message? (Lo siento, no está disponible en este momento. ¿Le gustaría dejar un mensaje?)
Cliente: Yes, please. Could you tell him that I called and ask him to call me back? (Sí, por favor. ¿Podría decirle que llamé y pedirle que me devuelva la llamada?)
Recepcionista: Of course. I'll let him know. (Por supuesto. Se lo haré saber.)
Cliente: Thank you. Have a great day! (Gracias. ¡Que tenga un buen día!)

Ejercicios prácticos

Ejercicio 1: Completa las frases con las palabras adecuadas

1. *Hello, this is John. May I ______ to Lisa?* (Hola, soy John. ¿Puedo hablar con Lisa?)
2. *I'm calling to _______ about the job interview.* (Llamo para preguntar sobre la entrevista de trabajo.)
3. *Could you _____ a message for him?* (¿Podría dejar un mensaje para él?)
4. *The line is _______ right now. Can you call back later?* (La línea está ocupada ahora. ¿Puedes llamar más tarde?)
5. *Please hold, I will _______ you through.* (Por favor, espere, le comunicaré con él/ella.)
6. *I think we have a _______ connection, I can't hear you well.* (Creo que tenemos una mala conexión, no te escucho bien.)
7. *I will _______ you back in ten minutes.* (Te llamaré en diez minutos.)
8. *I need to leave a _______.* (Necesito dejar un mensaje.)

Ejercicio 2: Traduce las siguientes frases al inglés

1. Hola, soy María. ¿Puedo hablar con el señor García?
2. Lo siento, número equivocado.
3. La línea está ocupada, ¿puedes intentarlo más tarde?
4. No te escucho bien, ¿puedes repetirlo?
5. Te devolveré la llamada en 10 minutos.
6. Quiero dejar un mensaje en el buzón de voz.
7. ¿Podrías comunicarme con el departamento de ventas?
8. Mi teléfono tiene mala señal.

Ejercicio 3: Responde las preguntas en inglés

1. ¿Cómo responderías una llamada telefónica en inglés de manera formal?
2. ¿Qué frase usarías para pedir que te comuniquen con alguien?
3. ¿Cómo pedirías educadamente que te repitan algo que no entendiste?
4. ¿Cómo indicarías que la línea está ocupada?
5. ¿Qué frase usarías para decir que llamarás más tarde?
6. ¿Cómo podrías decirle a alguien que deje un mensaje en el buzón de voz?
7. ¿Qué expresión usarías para decir que la llamada tiene mala señal?
8. ¿Cómo pedirías hablar con una persona específica en una empresa?

Respuestas

Ejercicio 1:

1. speak
2. ask
3. leave
4. busy
5. put
6. bad
7. call
8. message

Ejercicio 2:

1. Hello, this is María. May I speak to Mr. García?
2. Sorry, wrong number.
3. The line is busy, can you try later?
4. I can't hear you well, could you repeat that?
5. I'll call you back in 10 minutes.
6. I want to leave a voicemail.
7. Could you connect me with the sales department?
8. My phone has a bad signal.

Ejercicio 3:

1. *Hello, this is [nombre], how may I help you?*
2. *May I speak to [nombre], please?*
3. *I'm sorry, could you repeat that?*
4. *The line is busy right now.*
5. *I'll call you back later.*

6. *Would you like to leave a voicemail?*
7. *I have a bad connection.*
8. *Could you transfer me to [nombre]?*

4.7 Pedir y dar indicaciones

Objetivos de aprendizaje

- Aprender **vocabulario clave relacionado con direcciones y ubicaciones.**
- Practicar **cómo preguntar y dar indicaciones en inglés.**
- Familiarizarse con **expresiones clave utilizadas en la orientación espacial.**
- Mejorar la comprensión auditiva en situaciones donde se piden direcciones.
- Aplicar el conocimiento en situaciones reales de viaje o desplazamiento en la ciudad.
- **Entender y seguir instrucciones en una ciudad desconocida.**
- Desarrollar confianza al pedir ayuda o **explicar cómo llegar a un lugar**.

Vocabulario

Direcciones y ubicaciones

Inglés	Español
Street	Calle
Avenue	Avenida
Corner	Esquina
Intersection	Cruce
Traffic light	Semáforo
Roundabout	Rotonda
Sidewalk	Acera
Crosswalk	Paso de peatones
Highway	Autopista
Bridge	Puente
Tunnel	Túnel
Subway / Underground	Metro
Bus stop	Parada de autobús
Train station	Estación de tren
Airport	Aeropuerto

Inglés	Español
Hotel	Hotel
Bank	Banco
Mall	Centro comercial
Gas station	Gasolinera
City center	Centro de la ciudad
Tourist information	Información turística
Taxi stand	Parada de taxis
Parking lot	Estacionamiento
Pedestrian zone	Zona peatonal

Frases clave para pedir direcciones

- *Excuse me, how can I get to...?* (Disculpe, ¿cómo puedo llegar a...?)
- *Can you tell me the way to...?* (¿Puede decirme cómo llegar a...?)
- *Where is the nearest...?* (¿Dónde está el/la [lugar] más cercano/a?)
- *Is it far from here?* (¿Está lejos de aquí?)
- *How long does it take to get there?* (¿Cuánto se tarda en llegar?)
- *Can I walk there?* (¿Puedo ir caminando hasta allí?)
- *Which bus should I take?* (¿Qué autobús debo tomar?)
- *Is there a subway station nearby?* (¿Hay una estación de metro cerca?)
- *How much is the taxi to...?* (¿Cuánto cuesta el taxi a...?)
- *Does this bus go near...?* (¿Este autobús pasa cerca de...?)

Frases clave para dar direcciones

- *Go straight ahead.* (Siga recto.)
- *Turn left / Turn right.* (Gire a la izquierda / Gire a la derecha.)
- *Take the first/second street on the left/right.* (Tome la primera/segunda calle a la izquierda/derecha.)
- *It's on your left/right.* (Está a su izquierda/derecha.)
- *Go past the...* (Pase el/la...)
- *Cross the street.* (Cruce la calle.)
- *It's next to / in front of / behind...* (Está al lado de / enfrente de / detrás de...)
- *You will see it on your right.* (Lo verá a su derecha.)
- *Walk for about five minutes and you will see it.* (Camine unos cinco minutos y lo verá.)
- *Follow the signs for...* (Siga las señales hacia...)

Ejercicios prácticos

Ejercicio 1: Completa las frases con las palabras adecuadas

1. *Excuse me, how can I get to the ______?* (Disculpe, ¿cómo puedo llegar al museo?)
2. *You need to take the first street on the ______. (Debe tomar la primera calle a la derecha.)*
3. *Go ______ ahead for two blocks.* (Siga recto por dos cuadras.)
4. *The bus stop is ______ the bank.* (La parada de autobús está al lado del banco.)
5. *You have to ______ the street to get there.* (Tiene que cruzar la calle para llegar allí.)
6. *The hotel is ______ the shopping mall.* (El hotel está cerca del centro comercial.)
7. *Follow the ______ to the city center.* (Siga las señales hacia el centro de la ciudad.)
8. *The train station is ______ minutes away by taxi.* (La estación de tren está a 10 minutos en taxi.)

Ejercicio 2: Traduce las siguientes frases al inglés

1. ¿Dónde está la estación de tren más cercana?
2. Gire a la izquierda en el próximo semáforo.
3. Cruce la calle y siga recto.
4. La gasolinera está junto al supermercado.
5. ¿Cuánto tiempo se tarda en llegar al aeropuerto?
6. ¿Puedo llegar allí en autobús?
7. Tome la segunda calle a la derecha.
8. ¿Cuánto cuesta el taxi hasta el museo?

Ejercicio 3: Responde las preguntas en inglés

1. ¿Cómo preguntarías en inglés dónde está un banco?
2. ¿Qué frase usarías para indicar que un lugar está al lado de otro?
3. ¿Cómo dirías que alguien debe girar a la derecha?
4. ¿Cuál es la expresión en inglés para indicar que alguien debe seguir recto?
5. ¿Cómo responderías en inglés si alguien te pregunta si puede caminar hasta cierto lugar?
6. ¿Cómo preguntarías si hay una estación de metro cerca?

7. ¿Qué frase usarías para indicar que se debe seguir las señales hasta un lugar?
8. ¿Cómo indicarías que un lugar está a cinco minutos caminando?

Respuestas

Ejercicio 1:

1. museum
2. right
3. straight
4. next to
5. cross
6. near
7. signs
8. ten

Ejercicio 2:

1. Where is the nearest train station?
2. Turn left at the next traffic light.
3. Cross the street and go straight ahead.
4. The gas station is next to the supermarket.
5. How long does it take to get to the airport?
6. Can I get there by bus?
7. Take the second street on the right.
8. How much is the taxi to the museum?

Ejercicio 3:

1. *Where is the bank?*
2. *It's next to...*
3. *Turn right.*
4. *Go straight ahead.*
5. *Yes, it's within walking distance.*
6. *Is there a subway station nearby?*
7. *Follow the signs to...*
8. *It's a five-minute walk.*

4.8 Expresiones para viajes y orientación

Objetivos de aprendizaje

- Aprender a **pedir y dar direcciones** en inglés.
- Conocer **frases útiles para aeropuertos, estaciones de tren/autobús y hoteles**.
- Practicar **expresiones comunes en restaurantes y tiendas.**
- Mejorar la comprensión oral en situaciones de viaje.
- Familiarizarse con **situaciones inesperadas durante un viaje y aprender cómo gestionarlas.**

Preguntar y dar direcciones

Preguntar direcciones

Inglés	Español	Pronunciación (IPA)
Excuse me, how can I get to...?	Disculpe, ¿cómo puedo llegar a...?	[ɪkˈskjuːz mi, haʊ kæn aɪ gɛt tuː]
Where is the nearest...?	¿Dónde está el/la... más cercano/a?	[wɛər ɪz ðə ˈnɪərɪst]
Is it far from here?	¿Está lejos de aquí?	[ɪz ɪt fɑːr frʌm hɪər]
Can you show me on the map?	¿Puede mostrarme en el mapa?	[kæn juː ʃoʊ miː ɒn ðə mæp]
How long does it take to get there?	¿Cuánto tiempo se tarda en llegar allí?	[haʊ lɔːŋ dʌz ɪt teɪk tuː gɛt ðɛər]
Is there public transportation nearby?	¿Hay transporte público cerca?	[ɪz ðɛər ˈpʌblɪk ˌtrænspɔːrˈteɪʃən nɪrˈbaɪ]
Can I walk there?	¿Puedo llegar caminando?	[kæn aɪ wɔːk ðɛər]

Dar direcciones

Inglés	Español	Pronunciación (IPA)
Go straight ahead.	Siga recto.	[goʊ streɪt əˈhɛd]
Turn left / right.	Gire a la izquierda / derecha.	[tɜrn lɛft / raɪt]

Inglés	Español	Pronunciación (IPA)
It's on the corner.	Está en la esquina.	[ɪts ɒn ðə ˈkɔrnər]
Cross the street.	Cruce la calle.	[krɒs ðə striːt]
It's next to the bank.	Está al lado del banco.	[ɪts nɛkst tuː ðə bæŋk]
Take the subway/bus.	Tome el metro/autobús.	[teɪk ðə ˈsʌbweɪ / bʌs]
Follow this road until you reach...	Siga esta calle hasta llegar a...	[ˈfɒloʊ ðɪs roʊd ʌnˈtɪl ju riːʧ]

Expresiones en aeropuertos y estaciones

Aeropuerto

Inglés	Español	Pronunciación (IPA)
Where is the check-in counter?	¿Dónde está el mostrador de facturación?	[wɛər ɪz ðə ˈʧɛk ɪn ˈkaʊntər]
What gate is my flight?	¿En qué puerta está mi vuelo?	[wʌt geɪt ɪz maɪ flaɪt]
I have a connecting flight.	Tengo una escala.	[aɪ hæv ə kəˈnɛktɪŋ flaɪt]
My luggage is lost.	Mi equipaje está perdido.	[maɪ ˈlʌgɪʤ ɪz lɒst]
Where can I find a taxi?	¿Dónde puedo encontrar un taxi?	[wɛər kæn aɪ faɪnd ə ˈtæksi]

Estación de tren/autobús

Inglés	Español	Pronunciación (IPA)
What time does the train/bus leave?	¿A qué hora sale el tren/autobús?	[wʌt taɪm dʌz ðə treɪn/bʌs liːv]
Where can I buy a ticket?	¿Dónde puedo comprar un boleto?	[wɛər kæn aɪ baɪ ə ˈtɪkɪt]
Is this seat taken?	¿Está ocupado este asiento?	[ɪz ðɪs siːt ˈteɪkən]
How much is a ticket	¿Cuánto cuesta un	[haʊ mʌʧ ɪz ə ˈtɪkɪt

Inglés	Español	Pronunciación (IPA)
to...?	boleto a...?	tuː]
When does the next train arrive?	¿Cuándo llega el próximo tren?	[wɛn dʌz ðə nɛkst treɪn əˈraɪv]

Situaciones inesperadas en un viaje

Inglés	Español	Pronunciación (IPA)
I lost my passport.	Perdí mi pasaporte.	[aɪ lɒst maɪ ˈpæspɔːrt]
I need help, please.	Necesito ayuda, por favor.	[aɪ niːd hɛlp, pliːz]
Can you call the police?	¿Puede llamar a la policía?	[kæn ju kɔːl ðə pəˈliːs]
My wallet was stolen.	Me robaron la cartera.	[maɪ ˈwɒlɪt wɒz ˈstoʊlən]
Where is the nearest embassy?	¿Dónde está la embajada más cercana?	[wɛər ɪz ðə ˈnɪərɪst ˈɛmbəsi]

Ejercicio 1: Completa las frases con la palabra correcta

1. Excuse me, how can I get ______ the airport? (to / at)
2. Turn ______ at the next traffic light. (right / straight)
3. It's ______ the corner of Main Street and Park Avenue. (on / in)
4. Take the ______ to downtown. (subway / road)
5. Follow this ______ until you reach the station. (path / road)
6. Where is the check-in ______? (counter / station)
7. How much is a ______ to Los Angeles? (ticket / seat)
8. My luggage is ______. (delayed / lost)
9. Can you call the ______? I lost my passport. (police / embassy)
10. The next train ______ at 5 p.m. (arrives / leaves)

Ejercicio 2: Traduce las siguientes oraciones al inglés

1. ¿Dónde está la estación de tren más cercana?
2. ¿Cómo puedo llegar al centro de la ciudad?
3. Mi vuelo tiene una escala en Madrid.
4. Necesito un taxi para ir al hotel.

5. ¿Cuánto tiempo se tarda en llegar al aeropuerto?
6. Perdí mi pasaporte. ¿Dónde está la embajada?
7. ¿Dónde puedo comprar un boleto de autobús?
8. ¿Puede mostrarme en el mapa cómo llegar al museo?
9. ¿Está ocupado este asiento?
10. ¿Cuándo llega el próximo tren?

Ejercicio 3: Simulación de diálogos

Rellena los espacios en blanco con la respuesta más adecuada.

Turista: Excuse me, ________________ (pregunta cómo llegar a la estación de tren).

Residente: Sure! ________________ (indica que debe ir recto y girar a la derecha).

Turista: Thank you! Is it far from here?

Residente: ________________ (indica si está lejos o cerca).

Respuestas

Ejercicio 1:

1. to
2. right
3. on
4. subway
5. road
6. counter
7. ticket
8. lost
9. police
10. arrives

Ejercicio 2:

1. Where is the nearest train station?
2. How can I get to the city center?
3. My flight has a layover in Madrid.
4. I need a taxi to go to the hotel.
5. How long does it take to get to the airport?
6. I lost my passport. Where is the embassy?

7. Where can I buy a bus ticket?
8. Can you show me on the map how to get to the museum?
9. Is this seat taken?
10. When does the next train arrive?

Ejercicio 3:

Turista: Excuse me, how can I get to the train station?

Residente: Sure! Go straight ahead and turn right.

Turista: Thank you! Is it far from here?

Residente: No, it's just a five-minute walk.

4.9 Conversaciones en el trabajo

Objetivos de aprendizaje

- Aprender **vocabulario y expresiones comunes utilizadas en la situación laboral**.
- Practicar cómo **presentarse en el trabajo** y describir **funciones laborales en inglés**.
- Familiarizarse con **frases clave para reuniones, llamadas y correos electrónicos.**
- Mejorar la capacidad de comunicación en un entorno profesional.
- Desarrollar confianza para participar en interacciones laborales en inglés.

Vocabulario

Términos laborales y profesiones

Inglés	Español
Office	Oficina
Meeting	Reunión
Coworker	Compañero de trabajo / Colega
Boss / Manager	Jefe / Gerente
Employee	Empleado
Department	Departamento
Supervisor	Supervisor
Task	Tarea
Project	Proyecto
Deadline	Plazo límite
Report	Informe
Client	Cliente
Business trip	Viaje de negocios
Promotion	Ascenso

Inglés	Español
Salary	Salario
Contract	Contrato
Interview	Entrevista
Human Resources (HR)	Recursos Humanos

Frases clave para conversaciones en el trabajo

- *Good morning, how are you?* (Buenos días, ¿cómo está?)
- *Let me introduce myself. My name is…* (Permítame presentarme. Mi nombre es…)
- *What are your main responsibilities?* (¿Cuáles son sus principales responsabilidades?)
- *I work in the marketing department.* (Trabajo en el departamento de marketing.)
- *We have a meeting at 10 a.m.* (Tenemos una reunión a las 10 a. m.)
- *Could you send me the report by tomorrow?* (¿Podría enviarme el informe para mañana?)
- *I will be on a business trip next week.* (Estaré en un viaje de negocios la próxima semana.)
- *Let's schedule a call to discuss the details.* (Agendemos una llamada para conversar los detalles.)
- *Please find attached the document.* (Le adjunto el documento.)
- *I need an update on the project status.* (Necesito una actualización sobre el estado del proyecto.)
- *I am available for a meeting at your convenience.* (Estoy disponible para una reunión cuando le convenga.)
- *Let's review this proposal together.* (Revisemos esta propuesta juntos.)
- *Could you clarify that point?* (¿Podría aclarar ese punto?)

Ejercicios prácticos

Ejercicio 1: Completa las frases con las palabras adecuadas

1. *I work in the _____ department.* (Trabajo en el departamento de marketing.)
2. *We have a _____ with the client tomorrow morning.* (Tenemos una reunión con el cliente mañana por la mañana.)

3. *Can you send me the _____ before the deadline?* (¿Puedes enviarme el informe antes del plazo límite?)
4. *He got a _____ and his salary increased.* (Él consiguió un ascenso y su salario aumentó.)
5. *I need to finish this _____ by Friday.* (Necesito terminar esta tarea para el viernes.)
6. *We are working on an important _____ for the company.* (Estamos trabajando en un proyecto importante para la empresa.)
7. *She is the new _____ in the sales department.* (Ella es la nueva gerente en el departamento de ventas.)
8. *I will be on a _____ next week.* (Estaré en un viaje de negocios la próxima semana.)

Ejercicio 2: Traduce las siguientes frases al inglés

1. Buenos días, ¿cómo está?
2. Trabajo en el departamento de Recursos Humanos.
3. Tenemos una reunión a las 3 de la tarde.
4. ¿Puedes enviarme el informe antes del lunes?
5. Estaré en un viaje de negocios la próxima semana.
6. Necesito una actualización sobre el estado del proyecto.
7. Agendemos una llamada para conversar los detalles.
8. Le adjunto el documento en este correo.

Ejercicio 3: Responde las preguntas en inglés

1. ¿Cómo se dice "oficina" en inglés?
2. ¿Qué palabra en inglés se usa para "jefe"?
3. ¿Cómo preguntarías en inglés por las responsabilidades de alguien en el trabajo?
4. ¿Cómo dirías que tienes una reunión a las 10 de la mañana?
5. ¿Qué frase usarías para pedirle a alguien que envíe un informe mañana?
6. ¿Cómo informarías a tus compañeros que estarás en un viaje de negocios?
7. ¿Cómo podrías decir en inglés que necesitas una actualización del proyecto?
8. ¿Qué frase utilizarías para indicar que adjuntaste un documento en un correo?

Respuestas

Ejercicio 1:

1. marketing
2. meeting
3. report
4. promotion
5. task
6. project
7. manager
8. business trip

Ejercicio 2:

1. Good morning, how are you?
2. I work in the Human Resources department.
3. We have a meeting at 3 p.m.
4. Can you send me the report before Monday?
5. I will be on a business trip next week.
6. I need an update on the project status.
7. Let's schedule a call to discuss the details.
8. Please find attached the document in this email.

Ejercicio 3:

1. *Office.*
2. *Boss / Manager.*
3. *What are your main responsibilities?*
4. *I have a meeting at 10 a.m.*
5. *Could you send me the report by tomorrow?*
6. *I will be on a business trip next week.*
7. *I need an update on the project status.*
8. *Please find attached the document.*

4.10 Ejercicios prácticos de conversación

Objetivos de aprendizaje

- Practicar **interacciones reales** en inglés.
- Mejorar l**a fluidez en conversaciones cotidianas y laborales.**
- Familiarizarse con **diferentes escenarios** en los que se necesita interactuar en inglés.
- Desarrollar confianza al expresarse y responder en inglés.
- Aplicar el vocabulario y las estructuras aprendidas en las secciones anteriores.

Escenarios de práctica de conversación

Escenario 1: Presentación en el trabajo

A: Good morning! My name is Ana. I'm the new marketing assistant. Nice to meet you!
(¡Buenos días! Mi nombre es Ana. Soy la nueva asistente de marketing. ¡Mucho gusto!)
B: Hi Ana, nice to meet you too! I'm Tom. I work in the sales department. Welcome to the company!
(Hola Ana, ¡mucho gusto! Soy Tom. Trabajo en el departamento de ventas. ¡Bienvenida a la empresa!)
A: Thank you! What do you do in the sales department?
(¡Gracias! ¿Qué haces en el departamento de ventas?)
B: I manage client accounts and coordinate sales strategies. If you need any help, just let me know.
(Gestiono cuentas de clientes y coordino estrategias de ventas. Si necesitas ayuda, solo avísame.)

Escenario 2: Pidiendo direcciones

Turista: Excuse me, could you tell me how to get to the train station?
(Disculpe, ¿podría decirme cómo llegar a la estación de tren?)
Local: Sure! Go straight ahead for two blocks, then turn left. You'll see the station on your right.
(¡Por supuesto! Siga recto por dos cuadras, luego gire a la izquierda. Verá la estación a su derecha.)

Turista: Thank you so much!
(¡Muchas gracias!)
Local: You're welcome! Have a nice day!
(¡De nada! ¡Que tenga un buen día!)

Escenario 3: Reservando en un restaurante
Camarero: Good evening! Do you have a reservation?
(Buenas noches, ¿tiene una reserva?)
Cliente: No, we don't. Do you have a table for two?
(No, no la tenemos. ¿Tienen una mesa para dos?)
Camarero: Let me check... Yes, please follow me. Here's your table.
(Déjeme verificar... Sí, por favor sígame. Aquí está su mesa.)
Cliente: Thank you! Can we see the menu?
(¡Gracias! ¿Podemos ver el menú?)
Camarero: Of course! Here you go.
(¡Por supuesto! Aquí lo tienen.)

Ejercicios prácticos

Ejercicio 1: Completa las frases con las palabras adecuadas

1. *Hi, my name is _____. Nice to meet you!* (Hola, mi nombre es Ana. ¡Mucho gusto!)
2. *Excuse me, where is the _____?* (Disculpe, ¿dónde está la estación de tren?)
3. *Can I see the _____, please?* (¿Puedo ver el menú, por favor?)
4. *Go _____ and turn left.* (Siga recto y gire a la izquierda.)
5. *I work in the _____ department.* (Trabajo en el departamento de ventas.)
6. *Can I make a _____ for two people?* (¿Puedo hacer una reservación para dos personas?)

Ejercicio 2: Traduce las siguientes frases al inglés

1. Buenas tardes, ¿puedo ayudarle?
2. Necesito una mesa para cuatro personas.
3. ¿Dónde está la oficina de información turística?
4. ¿Puedo pagar con tarjeta de crédito?
5. ¿Cómo llego al museo desde aquí?

6. Me gustaría reservar una habitación en el hotel.

Ejercicio 3: Responde las preguntas en inglés

1. ¿Cómo te presentarías en una reunión de trabajo?
2. ¿Qué dirías si quieres reservar una mesa en un restaurante?
3. ¿Cómo pedirías direcciones en inglés?
4. ¿Qué frase usarías para solicitar la cuenta en un restaurante?
5. ¿Cómo responderías si alguien te dice "Nice to meet you"?

Respuestas

Ejercicio 1:

1. Ana
2. train station
3. menu
4. straight
5. sales
6. reservation

Ejercicio 2:

1. Good afternoon, can I help you?
2. I need a table for four people.
3. Where is the tourist information office?
4. Can I pay with a credit card?
5. How do I get to the museum from here?
6. I would like to book a room at the hotel.

Ejercicio 3:

1. *Hello, my name is [nombre]. I work in [departamento].*
2. *I'd like to book a table for two, please.*
3. *Excuse me, could you tell me how to get to...?*
4. *Could we have the check, please?*
5. *Nice to meet you too!*

Capítulo 5: Comprensión auditiva y pronunciación

5.1 Estrategias para mejorar la comprensión auditiva

Objetivos de aprendizaje

- Comprender **estrategias efectivas para mejorar la comprensión auditiva** en inglés.
- Desarrollar la capacidad para **identificar diferentes acentos y ritmos del idioma.**
- Aplicar técnicas para **adaptarse al inglés hablado en diversas situaciones cotidianas.**
- Aprender a **utilizar recursos y herramientas tecnológicas** para la práctica de la escucha.

Estrategias para mejorar la comprensión auditiva

1. Exposición constante al inglés hablado

Para mejorar la comprensión auditiva, es fundamental escuchar inglés de forma regular. Algunas maneras efectivas incluyen:

- Ver series y películas en inglés con subtítulos en inglés.
- Escuchar pódcast y audiolibros en inglés.
- Seguir canales de YouTube con contenido educativo o conversacional.
- Escuchar música en inglés y tratar de entender la letra.

2. Adaptarse a diferentes acentos y velocidades

El inglés tiene diversas variantes de pronunciación. Para mejorar la comprensión auditiva, es importante:

- Escuchar hablantes nativos de diferentes países (EE.UU., Reino Unido, Australia, etc.).
- Practicar con materiales que tengan velocidades de habla variadas.
- Usar aplicaciones para ajustar la velocidad del audio y entrenar el oído progresivamente.

3. Escucha activa y repetición

Para captar mejor el significado de lo que se escucha, se recomienda:

- Tomar notas de palabras clave mientras se escucha.
- Repetir fragmentos de audio y tratar de imitarlos.
- Usar la técnica de "escucha y repite", donde primero se escucha un fragmento, se pausa y luego se intenta repetir en voz alta.

4. Uso de transcripciones y subtítulos

Comparar el audio con su transcripción puede ayudar a identificar palabras difíciles de entender. Se recomienda:

- Leer la transcripción mientras se escucha el audio.
- Intentar escuchar primero sin transcripción y luego revisar el texto para verificar la comprensión.
- Utilizar subtítulos en inglés en películas o series y luego intentar verlas sin subtítulos.

5. Práctica en situaciones reales

Interactuar con hablantes nativos o participar en situaciones donde se use el inglés hablado ayuda a mejorar la comprensión auditiva. Algunas estrategias incluyen:

- Unirse a grupos de intercambio de idiomas.
- Practicar en conversaciones con amigos o profesores de inglés.
- Ver entrevistas o discursos y tratar de captar las ideas principales.

5.2 Sonidos difíciles para hispanohablantes

Objetivos de aprendizaje

- Identificar **los sonidos del inglés que suelen ser difíciles** para los hablantes de español.
- Aprender **técnicas para mejorar la pronunciación** de estos sonidos.
- Comprender **las diferencias fonéticas entre el español y el inglés.**
- Aplicar ejercicios prácticos para **entrenar la pronunciación correcta.**

Principales dificultades fonéticas para los hispanohablantes

El español y el inglés tienen diferencias significativas en su sistema fonético, lo que puede causar dificultades en la pronunciación. A continuación, se presentan algunos de los sonidos más desafiantes para los hispanohablantes y estrategias para mejorar su pronunciación.

1. El sonido /ɪ/ vs. /iː/

El inglés tiene dos sonidos vocálicos similares que no existen en español:

- /ɪ/ como en "bit" (corto y relajado)
- /iː/ como en "beat" (largo y tenso)

Problema común: Los hablantes de español suelen pronunciar ambas palabras de la misma manera. **Solución:** Compare 'ship' y 'sheep', alargando claramente el /iː/ en la segunda.

2. La /æ/ en palabras como "cat"

Este sonido no existe en español y se encuentra entre /a/ y /e/.

- "cat" (/kæt/) suele pronunciarse incorrectamente como "cot" o "cut".

Solución: Abrir más la boca al pronunciar "cat" y diferenciarlo de "cut" (/ʌ/) y "cot" (/ɒ/ en inglés británico).

3. La diferencia entre /b/ y /v/

En español, la "b" y la "v" tienen un sonido similar, mientras que en inglés son distintos:

- /b/ en "boat" es una explosión sonora.
- /v/ en "van" se pronuncia con los dientes superiores tocando el labio inferior.

Solución: Practicar repitiendo pares de palabras como "berry" y "very".

4. El sonido /dʒ/ en "jump" y "judge"

Los hablantes de español pueden pronunciar "jump" como "yump", porque en español no existe un sonido exacto para /dʒ/.

Solución: Practicar el sonido con palabras como "juice", "jungle" y "gym".

5. La /h/ aspirada

El español no tiene una "h" aspirada como en inglés (ejemplo: "hello"), por lo que muchos hispanohablantes la omiten o la pronuncian como una "j" española.

Solución: Soplar suavemente al pronunciar "hello" para asegurarse de aspirar la "h".

6. La diferencia entre /s/ y /z/

En inglés, la "s" y la "z" tienen sonidos distintos:

- /s/ en "sip"
- /z/ en "zip"

Problema común: Los hablantes de español suelen pronunciar ambas como /s/. **Solución:** Sentir la vibración en la garganta al decir "zip" para diferenciarlo de "sip".

7. La "th" /θ/ y /ð/

Este sonido no existe en la mayoría de los dialectos del español, por lo que muchos hispanohablantes pronuncian "think" como "sink" y "this" como "dis".

Solución: Colocar la punta de la lengua entre los dientes y soplar suavemente para producir el sonido correcto.

Conclusión

Dominar estos sonidos requiere prácticas constantes. Escuchar y repetir palabras que los contengan, junto con ejercicios de pronunciación, ayudará a los hispanohablantes a mejorar su acento y comprensión auditiva en inglés.

5.3 Reducir el acento y sonar natural

Objetivos de aprendizaje

- Comprender **la importancia de una pronunciación clara y natural** en inglés.
- Identificar **los principales errores que hacen que el acento suene muy marcado**.
- Aprender **técnicas efectivas para mejorar la fluidez y la entonación**.
- Aplicar **estrategias para imitar el ritmo y la melodía** del inglés.

Estrategias para reducir el acento y mejorar la pronunciación

1. Escuchar y repetir (Shadowing)

El "shadowing" es una técnica en la que se escucha una frase en inglés e inmediatamente se repite tratando de imitar la pronunciación, entonación y ritmo del hablante nativo.

- Ver videos o escuchar pódcast en inglés.
- Imitar exactamente la manera en que los hablantes nativos pronuncian las palabras.
- Grabar tu propia voz y compararla con la original.

2. Mejorar la entonación y el ritmo

El inglés tiene un ritmo muy diferente al español. Para sonar más natural, es importante:

- Identificar las palabras clave de una oración y acentuarlas correctamente.
- Usar pausas naturales en lugar de pronunciar cada palabra de manera aislada.
- Escuchar canciones en inglés y tratar de seguir el ritmo natural de las frases.

3. Practicar la conexión de palabras (Linking sounds)

En inglés, las palabras a menudo se unen cuando se hablan rápidamente. Por ejemplo:

- "What are you doing?" se pronuncia como "Whatcha doing?"
- "I want to" suena como "I wanna"
- "Going to" se reduce a "Gonna"

Para mejorar este punto:

- Escuchar cómo los hablantes nativos conectan las palabras.
- Practicar frases completas en lugar de palabras individuales.

4. Dominar los sonidos clave del inglés

Algunos sonidos que no existen en español pueden hacer que el acento sea muy marcado. Algunos ejemplos incluyen:

- **El sonido "th" (/θ/ y /ð/)**: Practicar palabras como "think" y "this" colocando la lengua entre los dientes.
- **Las vocales largas y cortas**: Diferenciar "ship" (barco) y "sheep" (oveja).
- **El sonido "r" en inglés**: Practicar "red", "road" y "car" sin hacerlo vibrar como en español.

5. Hablar más despacio y con claridad

Es común que los hablantes no nativos hablen rápido intentando sonar naturales, pero esto puede afectar la claridad. Para mejorar:

- Hablar de manera pausada y pronunciar cada sonido correctamente.
- Concentrarse en la claridad antes que en la velocidad.

6. Aprender patrones de acentuación y melodía

El inglés tiene una melodía específica que cambia según el significado y el contexto de la conversación:

- Las frases afirmativas suelen tener una entonación descendente.
- Las preguntas de "sí o no" suelen subir al final (Ejemplo: "Are you ready?").
- Las preguntas con "Wh-" suelen bajar en la entonación (Ejemplo: "Where are you from?").

7. Recibir retroalimentación y corregir errores

Para mejorar tu pronunciación:

- Habla con hablantes nativos y pídeles que te corrijan.
- Usa aplicaciones de reconocimiento de voz para practicar y evaluar tu pronunciación.
- Graba tu voz y compárala con grabaciones de hablantes nativos.

5.4 Practicar con trabalenguas en inglés

Objetivos de aprendizaje

- Mejorar la pronunciación y fluidez en inglés **mediante trabalenguas.**
- Fortalecer **la articulación de sonidos difíciles para hispanohablantes**.
- Desarrollar **rapidez y precisión al pronunciar palabras complejas.**
- Divertirse mientras se practica la fonética inglesa.

¿Por qué practicar con trabalenguas?

Los trabalenguas son una herramienta efectiva para mejorar la pronunciación y la fluidez en inglés. Al repetir frases con sonidos similares y estructuras complejas, los estudiantes pueden:

- Entrenar la musculatura bucal para articular sonidos correctamente.
- Mejorar la dicción y claridad en la pronunciación.
- Reducir la influencia del acento materno en el inglés hablado.

Trabalenguas útiles para mejorar la pronunciación

1. Sonido /s/ y /ʃ/ ("s" y "sh")

"She sells seashells by the seashore." (Ella vende conchas marinas en la orilla del mar.)

Ejercicio: Intenta repetirlo cinco veces seguidas sin equivocarte.

2. Sonido /θ/ y /ð/ ("th" suave y fuerte)

"Three thick trees threw thirty-three thrilling things." (Tres árboles gruesos lanzaron treinta y tres cosas emocionantes.)

Ejercicio: Concéntrate en la posición de la lengua al pronunciar "three" y "things".

3. Sonido /b/ y /v/

"Betty bought a bit of butter, but the butter was bitter, so Betty bought a better butter." (Betty compró un poco de mantequilla, pero la mantequilla era amarga, así que Betty compró una mejor mantequilla.)

Ejercicio: Diferencia claramente entre "bought" y "butter", evitando la confusión entre "b" y "v".

4. Sonido /r/ y /l/

"Red lorry, yellow lorry, red lorry, yellow lorry." (Camión rojo, camión amarillo, camión rojo, camión amarillo.)

Ejercicio: Repite este trabalenguas rápidamente para mejorar la pronunciación de "r" y "l".

5. Sonido /ɪ/ y /iː/ (corto y largo)

"I scream, you scream, we all scream for ice cream!" (¡Yo grito, tú gritas, todos gritamos por helado!)

Ejercicio: Diferencia entre "scream" y "ice cream", prestando atención a la vocal larga.

Consejos para mejorar con los trabalenguas

1. **Empieza lentamente:** Pronuncia cada palabra con claridad antes de aumentar la velocidad.
2. **Graba tu voz:** Compara tu pronunciación con la de un hablante nativo.
3. **Divide en partes:** Practica con frases cortas y luego únelas.
4. **Hazlo divertido:** Usa los trabalenguas como un juego para motivarte.

5.5 Ejercicios de fonética aplicada

Objetivos de aprendizaje

- Mejorar **la pronunciación** con ejercicios específicos.
- Identificar y corregir **errores fonéticos comunes.**
- Desarrollar **fluidez y claridad** al hablar.
- Aplicar la fonética en el contexto de comunicación real.

Ejercicios para mejorar la pronunciación en inglés

1. Ejercicios de vocalización

Las vocales en inglés pueden ser cortas o largas, y diferenciarlas es clave para una buena pronunciación.

- **Diferencia entre /ɪ/ y /iː/**:
  - Leer en voz alta: "bit, beat, ship, sheep, sit, seat."
  - Practicar con frases: "I sit on the seat. The ship is full of sheep."
- **Diferencia entre /ʌ/ y /æ/**:
  - Leer en voz alta: "cut, cat, luck, lack, cup, cap."
  - Formar oraciones: "The cat sat on a cup."

2. Ejercicios con consonantes problemáticas

- **Sonido /θ/ y /ð/** (como en "think" y "this"):
  - Pronunciar frases: "Think about this thing." "That is the best thing."
  - Leer trabalenguas: "Thirty-three thousand things."
- **Sonido /b/ vs. /v/**:
  - Repetir pares de palabras: "berry - very, bat - vat, boat - vote."
  - Decir oraciones en voz alta: "Betty bought a very big boat."
- **Sonido /r/ vs. /l/**:
  - Repetir: "red - led, right - light, rice - lice."
  - Frases: "I really like red rice."

3. Ejercicios de entonación y ritmo

El inglés tiene un ritmo y entonación específicos que ayudan a la fluidez.

- **Ejercicio de acentuación**:
  - Leer en voz alta frases con diferentes acentos: "She DIDN'T go to the party." "She didn't GO to the party."
- **Ejercicio de frases encadenadas**:
  - "What do you want to do?" (Se pronuncia como "Whaddaya wanna do?")
  - "I'm going to eat." (Se pronuncia como "I'm gonna eat.")

4. Ejercicios para reducir el acento

- **Practicar con grabaciones**:
  - Escuchar frases en inglés y repetirlas intentando imitar la pronunciación nativa.
  - Grabar tu voz y compararla con la original.
- **Usar pares mínimos**:
  - Escuchar y repetir pares de palabras similares como: "bit - beat, ship - sheep, cut - cat."
- **Leer en voz alta textos sencillos**:
  - Elegir textos breves y leerlos lentamente, concentrándose en la pronunciación.
  - Repetir el mismo texto a velocidad normal.

Capítulo 6: Pruebas y evaluación

6.1 Evaluación de vocabulario y gramática

Objetivos de aprendizaje

- Evaluar **el dominio del vocabulario** esencial en inglés.
- Verificar la comprensión y uso correcto de **la gramática básica**.
- Detectar **áreas de mejora** en el aprendizaje del idioma.
- Proporcionar ejercicios de **autoevaluación** para consolidar el conocimiento.

Sección 1: Evaluación de vocabulario

Esta sección evalúa el dominio de vocabulario esencial en inglés, incluyendo sustantivos, verbos, adjetivos y expresiones comunes.

Ejercicio 1: Relaciona las palabras con sus definiciones

Une la palabra en inglés con su significado en español.

1. **Chair**
2. **Happiness**
3. **Run**
4. **Delicious**
5. **Quickly**

a) Correr
b) Rápidamente
c) Silla
d) Felicidad
e) Delicioso

Ejercicio 2: Completa las frases con las palabras correctas

Rellena los espacios en blanco con la opción adecuada.

1. I need a _________ (book / apple / house) to read.
2. She is very _________ (happy / jump / red) today.
3. They _________ (run / eats / sleeping) every morning.
4. My favorite color is _________ (dog / blue / chair).
5. We _________ (go / goes / going) to school every day.

Sección 2: Evaluación de gramática

Esta sección evalúa el conocimiento de estructuras gramaticales básicas del inglés.

Ejercicio 3: Selecciona la opción correcta

Elige la opción que complete correctamente la oración.

1. She ________ to the park every Saturday.
   a) go
   b) goes
   c) going

2. ________ you like pizza?
   a) Do
   b) Does
   c) Is

3. They ________ playing football right now.
   a) is
   b) are
   c) am

4. My friend ________ a new car.
   a) have
   b) has
   c) having

5. The cat ________ under the table.
   a) is
   b) are
   c) am

Ejercicio 4: Corrige los errores en las siguientes oraciones

Reescribe las oraciones con la gramática correcta.

1. He go to school every day.
2. She have a big house.
3. They is playing soccer.
4. My brother are very tall.
5. We was at the party last night.

Respuestas

Ejercicio 1:

1 - c) Silla
2 - d) Felicidad
3 - a) Correr
4 - e) Delicioso
5 - b) Rápidamente

Ejercicio 2:

1. book
2. happy
3. run
4. blue
5. go

Ejercicio 3:

1. b) goes
2. a) Do
3. b) are
4. b) has
5. a) is

Ejercicio 4:

1. He **goes** to school every day.
2. She **has** a big house.
3. They **are** playing soccer.
4. My brother **is** very tall.
5. We **were** at the party last night.

6.2 Comprensión lectora

Objetivos de aprendizaje

- Evaluar **la comprensión lectora** en inglés.
- Identificar **ideas principales y detalles clave** en diversos textos.
- Mejorar **la interpretación de información escrita.**
- Desarrollar **estrategias para abordar textos complejos**.

Sección 1: Lectura de un texto corto

Lee el siguiente texto y responde las preguntas.

Texto:

Sarah loves going to the park on weekends. She usually brings her dog Max with along. They play together, and sometimes she reads a book while Max rests under a tree. Sarah enjoys the fresh air and the quiet atmosphere of the park. In the afternoon, she buys an ice cream and sits on a bench watching people walk by. It is her favorite way to relax after a long week.

Ejercicio 1: Responde las preguntas

1. Where does Sarah go on weekends?
2. Who does she take with her?
3. What does Max do while Sarah reads?
4. What does Sarah buy in the afternoon?
5. Why does she like going to the park?

Sección 2: Lectura de una historia más extensa

Lee el siguiente texto y responde las preguntas.

Texto:

Last summer, John went on vacation to Spain. He visited several cities, including Madrid and Barcelona. In Madrid, he saw the Royal Palace and ate delicious food at local restaurants. In Barcelona, he visited the famous Sagrada Familia and walked along the beach. John enjoyed the Spanish culture, especially the music and the food. He also made new friends and practiced his Spanish. After two weeks, he returned home with many wonderful memories of his trip.

Ejercicio 2: Verdadero o falso

1. John visited Spain last winter. ( )
2. He went to Madrid and Barcelona. ( )
3. In Madrid, he visited the Eiffel Tower. ( )
4. John liked Spanish food and music. ( )
5. He stayed in Spain for one month. ( )

Sección 3: Completa el texto con las palabras correctas

Lee el siguiente texto y completa los espacios con las palabras adecuadas.

Texto:

Lisa is a teacher. She ________ (works / work) at a primary school. Every morning, she ________ (wake / wakes) up early and prepares for her classes. She ________ (teaches / teach) English and math. Her students ________ (likes / like) her classes because she always makes learning fun. After school, Lisa ________ (goes / go) home and spends time with her family.

Respuestas

Ejercicio 1:

1. She goes to the park.
2. She takes her dog, Max.
3. He rests under a tree.
4. She buys an ice cream.
5. Because she enjoys the fresh air and the quiet atmosphere.

Ejercicio 2:

1. Falso
2. Verdadero
3. Falso
4. Verdadero
5. Falso

Ejercicio 3:

1. works
2. wakes
3. teaches
4. like
5. goes

6.3 Evaluación de expresión escrita

Objetivos de aprendizaje

- Evaluar la **capacidad de redactar textos en inglés** de manera clara y coherente.
- Aplicar **estructuras gramaticales y vocabularios** adecuados al escribir.
- Desarrollar destrezas para **la organización de ideas en párrafos y textos.**
- Mejorar **precisión y fluidez en la expresión escrita.**

Sección 1: Completa las frases

Rellena los espacios en blanco con la palabra correcta para completar las frases.

1. My best friend ________ (is / are) very kind.
2. Yesterday, we ________ (go / went) to the cinema.
3. I ________ (like / likes) reading books in my free time.
4. She ________ (write / writes) emails every day at work.
5. They ________ (didn't / don't) study for the test.

Sección 2: Reescribe las oraciones con la gramática correcta

Corrige los errores en las siguientes oraciones.

1. He go to the store every morning.
2. We was happy to see them.
3. She don't like coffee.
4. They plays soccer on Sundays.
5. I am go to travel next month.

Sección 3: Redacción de un párrafo

Escribe un párrafo de **5 a 7 oraciones** sobre uno de los siguientes temas:

- Mi día favorito de la semana
- Un viaje memorable
- Mi comida favorita

Incluye detalles sobre **qué, cuándo, dónde, cómo** y **por qué**.

Sección 4: Redacción guiada

Escribe un texto breve siguiendo las instrucciones.

Tema: Describe tu rutina diaria

- **Primera oración:** Introduce tu rutina diaria.
- **Segunda y tercera oración:** Explica qué haces por la mañana.
- **Cuarta y quinta oración:** Habla sobre tus actividades por la tarde.
- **Última oración:** Describe cómo terminas tu día.

Ejemplo:

Every day, I wake up at 7 a.m. In the morning, I take a shower and have breakfast. After that, I go to work and spend the afternoon collaborating with my colleagues. In the evening, I go home, eat dinner, and watch TV. Before sleeping, I read a book for 30 minutes.

Respuestas

Sección 1:

1. is
2. went
3. like
4. writes
5. didn't

Sección 2:

1. He **goes** to the store every morning.
2. We **were** happy to see them.
3. She **doesn't** like coffee.
4. They **play** soccer on Sundays.
5. I **am going** to travel next month.

Conclusión

El aprendizaje de un nuevo idioma es un viaje que requiere constancia, paciencia y dedicación. A lo largo de este libro, hemos recorrido los aspectos fundamentales del inglés, desde la pronunciación y la gramática hasta el vocabulario esencial y las situaciones cotidianas. Cada capítulo se ha diseñado para brindarte herramientas prácticas y efectivas que te permiten comunicarte en inglés en distintos contextos de la vida diaria.

El inglés es una de las habilidades más valiosas en el mundo actual, no solo para el ámbito profesional, sino también para ampliar horizontes culturales y sociales. Dominarlo te abrirá puertas a nuevas oportunidades laborales, te facilitará comunicarte con personas de diferentes países y te ayudará a desenvolverte con confianza en diversas situaciones.

Recuerda que el aprendizaje de un idioma no termina al cerrar este libro. Es importante que sigas practicando a diario, ya sea a través de la lectura, la escucha activa, la escritura o la conversación. Sumérgete en el idioma viendo películas, escuchando música, leyendo libros y, siempre que puedas, interactuando con hablantes nativos.

El camino hacia la fluidez puede presentar desafíos, pero cada error es una oportunidad de aprendizaje. No tengas miedo de equivocarte; sigue avanzando y disfruta del proceso. Con determinación y esfuerzo, lograrás tus objetivos y podrás hablar inglés con confianza.

¡Felicidades por haber dado este gran paso en tu aprendizaje del inglés! Sigue adelante y nunca dejes de aprender.

¡Éxito en tu camino hacia el dominio del inglés!